Illustrationen:
Graham Allen
John Butler
Barbara Firth
Will Giles
Donald Myall
Colin Newman
David Nockels
Jane Wolsak
Elizabeth Wood

Aus dem Englischen von
Evelyn Voss

Fachliche Beratung durch
Prof. Dr. Gerd Hartmann

ISBN 3-7886-0530-8

Wanderung durch die Jahreszeiten

Alfred Leutscher

Tessloff Verlag

Alles über dieses Buch

Dies ist ein Buch für die gesamte Familie, das Kinder und Eltern gemeinsam in die Natur einführen möchte, aber auch von Kindern allein benutzt werden kann. Es enthält eine Reihe von Anleitungen zu verschiedenen Vorhaben, die entweder unterwegs oder anschließend im Hause durchzuführen sind. Am besten nimmt man das Buch bereits zur Hand, bevor man sich in die Natur begibt, um zu erfahren, welche Pflanzen und Tiere in den verschiedenen Gebieten zu den verschiedenen Jahreszeiten angetroffen werden können. Der Text schildert in einfacher Form die Art und Weise, in der Pflanzen und Tiere leben und sich ihrer Umgebung anpassen. Er regt junge Naturfreunde dazu an, auf die Beziehungen zwischen den Pflanzen und Tieren und ihr Verhältnis zu ihrer Umwelt zu achten. Die Karte am Ende des Buches zeigt die Verteilung der einzelnen Gebiete in Deutschland, so daß sie herausfinden können, nach welchen Pflanzen und Tieren sie an einem bestimmten Ort Ausschau halten sollten.

Die Suche nach Pflanzen und Tieren

Wer sich zu Fuß in der Stadt, auf dem Lande und am Strand umsieht, kann eine Menge erleben. Einige Pflanzen und Tiere sind leicht zu erkennen, andere nur mit Mühe oder überhaupt nicht, weil sie sich gut versteckt oder getarnt haben. Es gibt überall wildwachsende Pflanzen und wildlebende Tiere, man muß nur wissen, wo man sich nach ihnen umzuschauen hat.

Die Anpassung an die Umgebung

Wenn man sich nach Pflanzen und Tieren umschaut, ist es nützlich zu wissen, warum sie eine bestimmte Gestalt oder ein bestimmtes Verhalten aufweisen. Das Eichhörnchen ist ein gutes Beispiel. Sein Körper ist auf das Klettern eingerichtet. Seine Krallen helfen ihm, sich an den Zweigen festzuhalten, in denen es lebt, und sein Schwanz sorgt dafür, daß es beim Sprung das Gleichgewicht wahrt. Es ist ein Waldbewohner.

Der Frosch ist so gebaut, daß er schwimmen, springen und Eier ins Wasser ablegen kann, wo seine Kaulquappen heranwachsen. Aufgrund seiner nackten, weichen Haut ist er an feuchte Stellen gebunden. Er ist ein Teichbewohner.

Verschiedene Gebiete wie der Wald und der Teich werden als Lebensräume bezeichnet.

Auch die Pflanzen sind an ihre Lebensräume angepaßt. Das Buschwindröschen zum Beispiel blüht bereits im Frühjahr, bevor die Bäume, unter denen es wächst, Blätter tragen und zuviel Schatten werfen. Und die Weiße Seerose schiebt lange Stengel mit schwimmenden Blüten und Blättern an die Teichoberfläche, um ans Licht zu gelangen.

Das Überleben der Tauglichen

Nur diejenigen Pflanzen und Tiere, die sich ihrer Umgebung am besten angepaßt haben, können überleben. Warum ist das wichtig? Weil die Erde überquellen würde, wenn alle Lebewesen ein hohes Alter erreichten. Nach einiger Zeit gäbe es kein freies Plätzchen mehr und auch nicht genug Nahrung für alle.

Aber nicht jede Pflanze und jedes Tier wird alt. Nur die „tauglichen" bestehen den „Kampf ums Dasein".

Der Mensch und die Umweltverschmutzung

Die Natur versucht, das Leben der Pflanzen und Tiere im Gleichgewicht zu halten, aber die Menschen bringen dieses Gleichgewicht heute in ernsthafte Gefahr. Vor vielen Jahrtausenden gab es sehr viel weniger Menschen. Sie jagten Tiere und sammelten Pflanzen, um sich zu ernähren, aber weder die Tiere noch die Pflanzen wurden dadurch in ihrem Bestand bedroht. Die Menschen waren ein Teil der Natur. Heute aber bewirken wir tiefgreifende Veränderungen, indem wir große Teile der freien Natur für Ackerland, Bauten und Straßen beanspruchen. Wir richten großen Schaden durch die Verschmutzung der Teiche, Flüsse und Küsten an. Wir töten pflanzliches und tierisches Leben durch Schädlingsbekämpfungsmittel. Indem wir Bäume fällen, nehmen wir dem Eichhörnchen seine Heimat, und indem wir einen Teich zuschütten, vernichten wir den Laichplatz des Frosches.

Um die Pflanzen und Tiere der freien Natur zu schützen, erlassen wir inzwischen Gesetze und richten Naturparks ein. Dazu sind wir auch verpflichtet, denn diese Lebewesen haben kein geringeres Daseinsrecht als wir. Leider kann eine einmal ausgerottete Pflanzen- oder Tierart durch nichts wieder zum Leben erweckt werden.

Dieses Buch lädt zu einer Wanderung durch die vier Jahreszeiten ein und zeigt die Pflanzen und Tiere der freien Natur in ihren Lebensräumen. Es beginnt zu Hause, im Garten, und führt den Wanderer an vielen Pflanzen und Tieren des Binnenlandes vorbei bis ans Meer.

Inhalt

Wanderung durch den Frühling

Wenn Europa in der Nähe des Äquators läge, wo sich in Wirklichkeit die Tropen erstrecken, hätten wir das ganze Jahr über mehr oder weniger dasselbe Wetter und eine Jahreszeit wäre wie die andere. Europa liegt jedoch weiter nördlich, und darum hat jede Jahreszeit ihr eigenes Gesicht. Der Frühling ist für alle Tiere der beste Zeitpunkt, um eine Familie zu gründen. Die Tage sind lang, die Nahrung ist reichlich, und das Wetter wird allmählich wärmer. Die kahle Landschaft beginnt, sich mit den ersten Blättern und Blüten zu beleben.

Diese Vorgänge kann man auch im Garten verfolgen, wo die Zwiebelgewächse blühen und die ersten Insekten erscheinen. Wer gut aufpaßt, entdeckt vielleicht die erste Hummel oder den ersten Schmetterling, ein Tagpfauenauge möglicherweise oder auch einen Kleinen Fuchs. Zwei willkommene Helfer aller Gartenfreunde sind der Igel und die Kröte, die beide Insekten vertilgen. Sie alle – Igel, Kröten und Insekten – sind nach langer Ruhezeit nun zu neuem Leben erwacht.

Auch in den Hecken und Wäldern beginnt es sich zu regen. Die männlichen Kätzchen der Hasel und der Salweide lassen ihren Blütenstaub herabfallen, der vom Wind und den Bienen zu den weiblichen Blüten getragen wird. Schlüsselblumen, Hasenglöckchen und Veilchen blühen, solange sie noch genügend Licht erhalten und nicht von dem Blätterdach der Bäume überschattet werden. Unter der Erde sind die Dachse eifrig damit beschäftigt, ihre Bauten zu säubern, während hoch oben in den Bäumen die Saatkrähen darangehen,

ihre Vorjahrsnester herzurichten. Der Gartenschläfer und die harmlose Ringelnatter sind erwacht, und die Amsel hat in einem Busch sogar schon ihre Eier gelegt. Bald wird sie von den Sommergästen aus dem Süden wie dem laut rufenden Kuckuck und der sanft gurrenden Taube Gesellschaft bekommen. Wintergäste wie die Gänse sind bereits nach Norden gezogen, um in der Arktis zu brüten. Wenn der Tag graut, stimmen die Vögel ihren lauten Morgengesang an. Jedes Männchen ruft nach einem Weibchen und gibt den anderen Männchen zu verstehen, daß sie seinem Nistplatz fernzubleiben haben.

Im Teich ist die winterliche Stille ebenfalls vorbei. Nun erklingt das laute Quaken der Frösche, die sich hier zur Paarung eingefunden haben und ihre Eier in Klumpen, dem Froschlaich, ins Wasser ablegen.

Die Klippen der Meeresküsten hallen vom Lärm der Seevögel wider, die sich hier niederlassen, um ihre Jungen aufzuziehen. In der Tiefe treffen indessen nach langer Wanderung die in der Sargassosee geborenen Glasaale ein. Sie leben in Teichen und Flüssen, bis sie erwachsen sind und an ihren Geburtsort zurückkehren. In der entgegengesetzten Richtung wandert der Lachs. Die erwachsenen Tiere legen im Frühling ihren Laich in den Flüssen ab, in denen sie geboren wurden, und die jungen Lachse ziehen von dort aus ins Meer. Warum Tiere wandern, ist nicht genau bekannt. Man vermutet, daß sie dem Trieb folgen, an ihre Geburtsstätten zurückzukehren oder nach Norden zu ziehen, wo die Tage länger sind und ihnen aus diesem Grund mehr Gelegenheit zur Nahrungssuche bieten.

Auch wir freuen uns auf den Frühling, der uns dazu anregt, Ferienpläne zu schmieden und recht viel Zeit im Freien zu verbringen.

Im Garten

Wenn der Frühling kommt, wird es im Garten bunt. Die ersten Zwiebelpflanzen beginnen zu blühen, die Vögel bauen ihre Nester, und die Insekten erwachen aus ihrer Winterstarre. Ein Garten gleicht einer kleinen Waldlandschaft, die Pflanzen und Tieren Schutz und Nahrung zu bieten vermag. Er kann sich zu einem wichtigen Zufluchtsort für wildlebende Tiere entwickeln. Viele Naturfreunde tragen dazu bei, indem sie Nistkästen aufhängen, Teiche anlegen und Sträucher pflanzen. Selbst der kleinste Garten kann zahlreiche Tiere anlocken, wenn er nur richtig bepflanzt ist.

Die gewandte **Blaumeise** unterstützt den Gärtner, indem sie viele Insekten vertilgt. Wo es ein Futterhäuschen mit Erdnüssen oder einen Nistkasten mit kleinem Eingangsloch gibt, wird sie sich bald einstellen.

Die **Amsel** erfreut im Frühjahr durch einen vollen, flötenden Gesang. Das Männchen ist schwarz, während das Weibchen eine schmutzigbraune Farbe, aber nicht die helle, gefleckte Brust einer Singdrossel hat.

Schneeglöckchen sind Zwiebelpflanzen, deren Blüten zu den ersten des Jahres zählen; sie bohren sich sogar durch den Schnee. Auch die **Krokusse,** die am hübschesten in kleinen Gruppen aussehen, erscheinen schon früh.

Narzissen und **Tulpen** sind ebenfalls Zwiebelpflanzen. Narzissen sind beliebte Gartenblumen, die in manchen Gegenden aber auch noch wild wachsen. Viele der schönsten Zwiebeln werden in Holland gezogen.

Die **Hummeln** bilden Staaten, die nur einen Sommer lang leben. Nur junge Königinnen überwintern, legen im Frühjahr ihre Eier ab und ziehen die ersten Larven allein heran. Erwachsene Arbeiterinnen sammeln Nektar.

Die Raupe des **Braunen Bären** ist dicht behaart. Sie erscheint im Frühjahr, ernährt sich von Brennesseln sowie anderen Unkräutern und verpuppt sich. Die Puppe überwintert. Im Sommer schlüpft dann der Schmetterling.

Das **Tagpfauenauge** trägt auf seinen Flügeln leuchtende Augenflecken. Unterwärts ist es jedoch derart unauffällig gefärbt, daß man es bei zusammengefalteten Flügeln leicht übersieht. Es legt seine Eier im April auf Brennesseln ab.

Der **Gartenschläfer** ist ein gewandter Kletterer und guter Springer, der seine Baumhöhle erst nachts verläßt, um sich auf Futterjagd zu begeben. Seinen Winterschlaf hält er oft auf Heu- und Dachböden.

Der stachelige **Igel** ist bei Gärtnern außerordentlich beliebt, weil er Insekten vertilgt. Zum Winterschlaf zieht er sich nicht selten in Komposthaufen zurück.

Auf der Wiese

Wo auf dem Lande Getreide und andere Früchte angebaut werden, pflügen die Bauern die Felder nach jeder Ernte um. Wiesen sind Felder, die nicht umgepflügt werden. Dort wächst Gras, das entweder vom Weidevieh gefressen oder vom Bauern gemäht und im Winter als Heu verfüttert wird. Damit die Tiere nicht umherstreunen, umgibt man die Wiesen mit Hecken, Zäunen oder Mauern. Innerhalb dieser Abgrenzungen sind außer dem Vieh auch viele Gräser und wildwachsende Blumen zu entdekken. Welche Pflanzen man antrifft, hängt davon ab, ob der Boden viel Sand, Kalk oder Lehm enthält.

Der **Kuckuck** meldet sich im April mit seinem wohlbekannten Ruf von Afrika zurück. Er legt seine Eier in die Nester anderer Vögel und läßt den jungen Kuckuck nach dem Schlüpfen von den Pflegeeltern großziehen.

Der **Turmfalke** wird auch Rüttelfalke genannt, weil er oft in der Luft „stehenbleibt" und rüttelt, während er nach Feldmäusen und ähnlichen Beutetieren ausspäht. Die Federn seiner schmalen und spitzen Flügel sind bräunlich gefärbt; sein Ruf ist ein hellklingendes „kikiki".

Die **Feldmaus** ist ein emsiger kleiner Nager mit gedrungenem Kopf, kleinen Ohren und kurzem Schwanz. Sie hält sich gern in hohem Gras auf und legt unterirdische Gänge an.

Auch die **Turteltaube** kommt alljährlich aus Afrika zu uns. Sie ist oberseits rostbraun, unterseits bläulichrot, besitzt einen weiß geränderten Schwanz und gurrt ein fortlaufendes „turr-turr“.

Das **Rebhuhn** ist ein gedrungener, in kleinen Gruppen lebender Jagdvogel. Wird es aufgescheucht, hebt es nach raschem Lauf zu einem schwirrenden Flug ab. Sein Nest baut es unter überhängenden Zweigen.

Die zarte **Florfliege** wird wegen ihrer golden glänzenden Augen auch Goldauge genannt. Ihre großen Flügel sind von einem feinen Adernetz durchzogen. Sie lebt an Wiesenrändern und ist dem Bauern willkommen, weil sie Blattläuse frißt.

Die **Feldgrille** ähnelt einem Grashüpfer, hat jedoch einen flacheren Körper und sehr viel längere Fühler. Bei warmem Wetter zirpt sie, indem sie ihre Flügel hebt und aneinander reibt.

Ein **Feldhase** ist größer als ein Kaninchen und hat auch längere Beine und Ohren. Während der Paarungszeit im Frühjahr stellen sich die „liebestollen Märzhasen“ bei der Brautwerbung auf die Hinterbeine und boxen miteinander.

Knäuelgras hat einen Blütenstand, den man als Rispe bezeichnet. An den Enden der Rispenäste sitzen zahlreiche Ährchen, die wie Knäuel aussehen. Dieses Gras gedeiht auf trockenem Boden.

Wiesenlieschgras hat einen walzenförmigen Blütenstand, der an einen Katzenschwanz erinnert. Es bringt eine Vielzahl weicher Blätter hervor und ist ein sehr gutes Futtergras.

Wiesenschwingel ist an seiner schlanken, mit spitzen Ährchen besetzten Rispe zu erkennen. Es wächst auf feuchten Viehweiden, wird aber auch geschnitten und als Heu verfüttert.

Ausdauernder Lolch wird als Futtergras angebaut, da er nahrhaft, weich und blattreich ist. Die purpur schimmernden Ährchen liegen auf beiden Seiten dicht am Stengel an.

Wie man Gräser preßt
Es gibt auf der Wiese verschiedene Gräser, die du pressen und in ein Beobachtungsheft kleben kannst.

Pflücke von jedem Gras den Blütenstand und ein paar Blätter.

Lege die Gräser einzeln zwischen Zeitungs- oder Löschpapierbögen, beschwere sie und warte, bis sie ganz trocken sind.

Klebe die gepreßten Gräser mit Tesafilm in das Heft ein und füge ihren Namen sowie den Tag und den Ort hinzu, an dem du sie gefunden hast.

Der **Huflattich** trägt seine Blüten auf schuppig beblätterten Stengeln. Die großen Blätter erscheinen erst nach den behaarten Früchten.

Gamander-Ehrenpreis hat gekerbte Blätter und kleine, leuchtend blaue Blüten mit weißem Mittelpunkt. Er gedeiht auf grasreichem Gelände.

Die **Wiesenschlüsselblume** wächst gewöhnlich auf kalkhaltigem Boden. Ihre von einem hohen Schaft getragenen, nickenden Blüten erinnern an ein Schlüsselbund.

Der **Scharfe Hahnenfuß,** das höchste der Hahnenfußgewächse, hat tief eingeschnittene Blätter. Man findet ihn in besonders feuchten Wiesenecken.

Am Teich

Im Teich beginnt es sich nach langer Ruhezeit zu rühren. Viele Lebewesen – darunter Frösche, Molche und Käfer – hatten sich im Schlamm am Grunde des Teichs verkrochen und dort überwintert. Nun erwachen sie, um sich zu paaren und ihre Eier abzulegen. Pflanzen, deren oberirdische Teile abgestorben waren, schlagen neu aus, und im späten Frühjahr beginnen die Sumpfdotterblume, die Seerose und die Wasserschwertlilie zu blühen. Im Schilf brüten die Stockente und das Teichhuhn, und bisweilen kommt auch der Fischreiher zu Besuch.

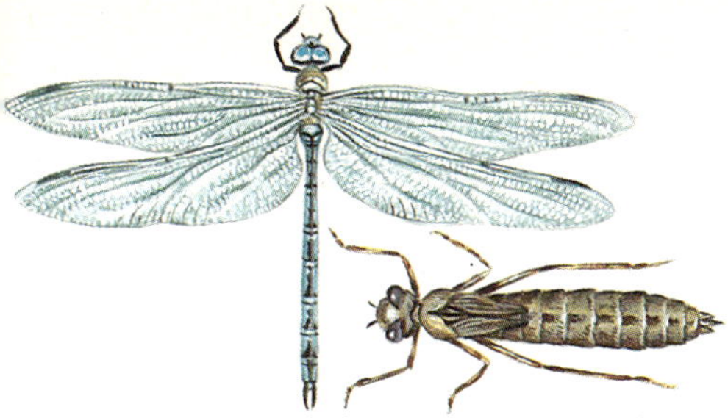

Die **Libelle** schießt auf der Jagd nach kleineren Insekten wie ein Pfeil über das Wasser. Sie kann auf der Stelle schweben, auf und ab und sogar rückwärts fliegen. Auch ihre im Wasser lebenden Larven sind gefräßige Räuber.

Die **Köcherfliegenlarve** baut sich zum Schutz vor ihren Feinden einen Köcher aus Zweigen, Steinchen und kleinen Schneckengehäusen. Sie entwickelt sich schließlich zur Köcherfliege.

Die **Posthornschnecke** hat ein linksgewundenes, tellerförmiges Gehäuse. Sie kriecht auf Wasserpflanzen entlang, an die sie auch ihre gallertartigen Laichhäufchen klebt.

Der **Grasfrosch** erwacht im Frühjahr, um sich zu paaren und seinen Laichklumpen abzulegen, der viele Eier enthält. Aus den Eiern entwickeln sich Kaulquappen und daraus dann Frösche.

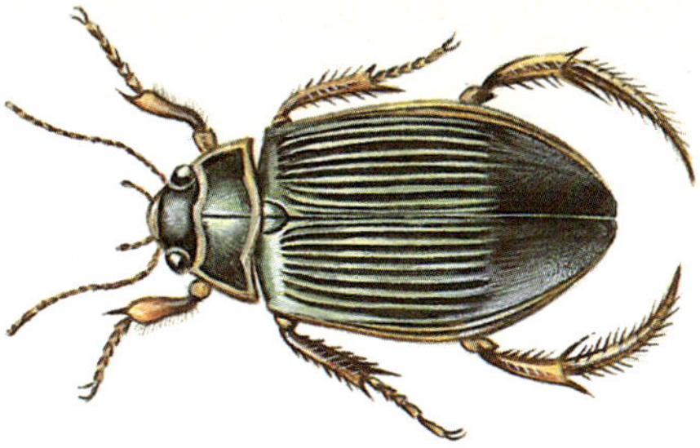

Der **Gelbrandkäfer** erbeutet und zerkleinert mit seinen kräftigen Vorderbeinen und Mundwerkzeugen andere Tiere, selbst Fische. Bisweilen fliegt er gegen erleuchtete Scheiben.

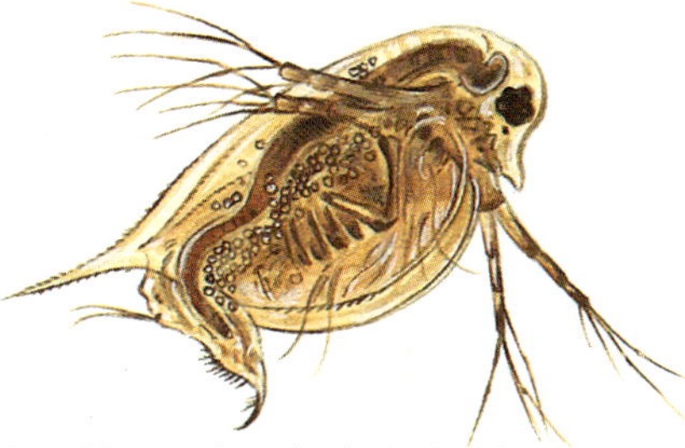

Der **Wasserfloh** ist in Wirklichkeit kein Floh, sondern ein Krebstier. Er rudert hüpfend durch das Wasser und ernährt sich von Algen. Man verwendet ihn viel als Futter für Aquarienfische.

Der **Flußbarsch** ist ein räuberischer Fisch, der sich zwischen Wasserpflanzen verbirgt, um dann pfeilschnell hervorzuschießen und seine Beute überraschend zu packen. Er ist im Schilf kaum zu erkennen.

Das Männchen der **Teichmolche** besitzt einen welligen Kamm und einen rötlichen Bauch mit schwarzen Flecken. Ein Molch sieht einer Eidechse ähnlich, seine Haut ist jedoch glatt.

Das **Grünfüßige Teichhuhn** hat dunkles Gefieder und einen roten Schnabel. Beim Schwimmen nickt es mit dem Kopf und wippt mit dem Schwanz, so daß man die weiße Unterseite sehen kann. Sein Ruf ist ein heiseres „kürg“.

Der **Fischreiher** steht wie ein grauer Wachtposten am Teichrand, geduldig darauf wartend, daß ein Frosch oder Fisch in seine Nähe kommt. Dann sticht er blitzschnell mit seinem langen, spitzen Schnabel zu.

Jeder kennt die **Stockente**, die auf den meisten Teichen zu Hause ist. Der Erpel – das Männchen – hat ein hübsches Gefieder und einen grünen Kopf. Das Weibchen trägt ein braunes Kleid und quakt, während der Erpel pfeift.

Jedes Jahr schiebt die **Weiße Seerose** vom Teichgrund lange Stengel mit flachen Blättern und großen Blüten empor, die auf der Oberfläche schwimmen und das Leben unter Wasser schützen.

Die **Biberratte** stammt aus Südamerika und wird ihres Pelzes wegen in Europa in Farmen gezüchtet. In Großbritannien hat sie sich zum Teil befreien können, ist verwildert und richtet mit ihren starken Zähnen nun allerlei Schaden an.

Die als „Wasserratte“ bekannte **Westschermaus** ist ein sehr guter Schwimmer und legt ihre unterirdischen Bauten oft in Wassernähe an. Sie ernährt sich hauptsächlich von Pflanzenwurzeln.

Eine Nahrungskette

Der Wasserfloh, in Wirklichkeit ein Krebstier, rudert hüpfend im Wasser und ernährt sich von Algen.

Ein Molch, der den Teich zur Paarungszeit aufsucht, verspeist den Wasserfloh.

Die **Sumpfdotterblume,** eine Verwandte des Hahnenfußes, wächst im Frühjahr an feuchten Stellen in der Nähe von Teichen. Die dunkelgrünen Blätter sind herz- bis nierenförmig.

Die **Kuckuckslichtnelke,** bringt rote Blüten mit zerschlitzten Blütenblättern hervor, die der Pflanze ein struppiges Aussehen verleihen. Sie bevorzugt feuchte Standorte.

Die **Kleine Wasserlinse** oder Entengrütze ist ein winziges Pflänzchen, das nur selten blüht und sich meist durch das Hervorsprossen neuer Scheibchen vermehrt. Im späten Frühjahr bedeckt sie oft den ganzen Teich.

Der sehr hohe **Rohrkolben** hat walzenförmige Blütenstände. Der männliche Kolben ist gelb und sitzt über den schwarzbraunen weiblichen Blüten, die dichtbehaarte Früchte tragen.

Die Gelbe oder **Wasserschwertlilie** steht in flachem Wasser am Teichufer. Ihre Frucht ist eine braune Kapsel, die schwimmfähige Samen enthält.

Algen sind oft nur unter dem Mikroskop zu erkennende Pflanzen, die in Teichen leben und diese manchmal dunkelgrün färben. Ihre Gestalt kann sehr unterschiedlich sein. Algen bilden die Nahrungsgrundlage des Teichlebens.

Wenig später stürzt sich ein hungriger Gelbrandkäfer auf den unglücklichen Molch.

Dem Käfer wiederum lauert der Flußbarsch auf.

Und der Flußbarsch fällt zuletzt dem wachsamen Fischreiher zum Opfer.

An der Hecke

Die Hecke ist in unseren Tagen eine wichtige Zufluchtstätte für die Tiere der freien Natur geworden, denn große Teile der Waldgebiete, in denen sie früher zu Hause waren, sind Städten, Straßen und Feldern gewichen. Um nicht zugrunde zu gehen, mußten sie sich in die Hecken zurückziehen, die ihnen Schutz und Nahrung bieten. Die Büsche und Bäume gleichen einem schmalen Waldstreifen. Mäuse, Kaninchen und Füchse legen ihre Bauten hier an, Schmetterlinge und Bienen saugen Nektar aus den Blüten, und in den Büschen nisten Vögel.

Der **Zaunkönig** ist ein winziger Vogel mit steil hochgestelltem Schwanz. Stets auf Deckung bedacht, huscht er wie eine Maus durch die Hecke. Sein lautes, schmetterndes Lied ist fast das ganze Jahr über zu hören.

Der **Schlehdorn** bringt im Frühjahr eine Vielzahl weithin leuchtender weißer Blüten hervor, aus denen sich im Herbst kleine blaue Früchte, die sogenannten Schlehen, entwickeln.

Die Blüten des stachligen **Weißdorns** erscheinen erst nach den Blättern. Seine Früchte – bisweilen „Müllerbrot“ genannt – werden im Winter von Vögeln verzehrt, schmecken dem Menschen jedoch nicht besonders gut.

Die unscheinbare **Heckenbraunelle** wird oft für einen Sperling gehalten, hat jedoch einen viel dünneren Schnabel und eine blaugrau gefärbte Brust. Sie nistet in Hecken und legt mehrere blaue Eier.

Saatkrähen nisten gemeinsam in großen Kolonien auf hohen Bäumen. Sie helfen dem Bauern, indem sie Raupen und Schnecken vertilgen. Im Gegensatz zur ähnlichen Rabenkrähe hat die Saatkrähe eine weiße Schnabelwurzel.

Bei der **Salweide** sind die gelben männlichen und die grünen weiblichen Blüten – die sogenannten Kätzchen – auf verschiedene Pflanzen verteilt. Die Früchte entwickeln sich aus den grünen Kätzchen.

Die **Hasel** bringt lang herabhängende männliche Kätzchen hervor, deren Blütenstaub durch den Wind zu den roten weiblichen Blüten getragen wird. Aus ihnen entwickeln sich später dann die Haselnüsse.

Wie alt sind die Hecken?
Manche Hecken sind sehr alt. Du kannst ihr Alter ungefähr in Erfahrung bringen, indem du 30 Schritte an ihnen entlanggehst und die verschiedenen Baum- und Straucharten zählst, die auf diesem Abschnitt wachsen. Jede Art ist mit 100 Jahren zu berechnen. Bei drei verschiedenen Arten ist eine Hecke also rund 300 Jahre alt.

Die **Waldmaus** ist eine „ländliche Verwandte" der Hausmaus, hat jedoch einen rötlichbraunen Pelz und längere Ohren. Sie lebt in Hecken, legt dort auch ihren Bau an und dringt im Winter oft in Häuser ein.

Die **Waldkaninchen** leben in Kolonien zusammen. Oft graben sie ihre Röhren und Kessel im Schutz einer nahen Hecke. Sie kommen in der Dämmerung zum Vorschein und richten auf dem Feld bisweilen großen Schaden an.

Das **Mauswiesel** ist ein flinker Jäger, der seine Beute – überwiegend Mäuse – bis in die Bauten verfolgen kann. Meistens geht es nachts auf die Jagd. Im Gegensatz zum Großen Wiesel fehlt ihm die schwarze Schwanzspitze.

Der **Fuchs** beginnt sich bei Einbruch der Nacht zu regen und an den Hecken entlangzustreichen, um Kaninchen und andere Beutetiere zu erjagen. In ruhigen Winkeln kann man ihn auch am Tage sehen, und selbst Dörfern und Gehöften stattet er Besuche ab.

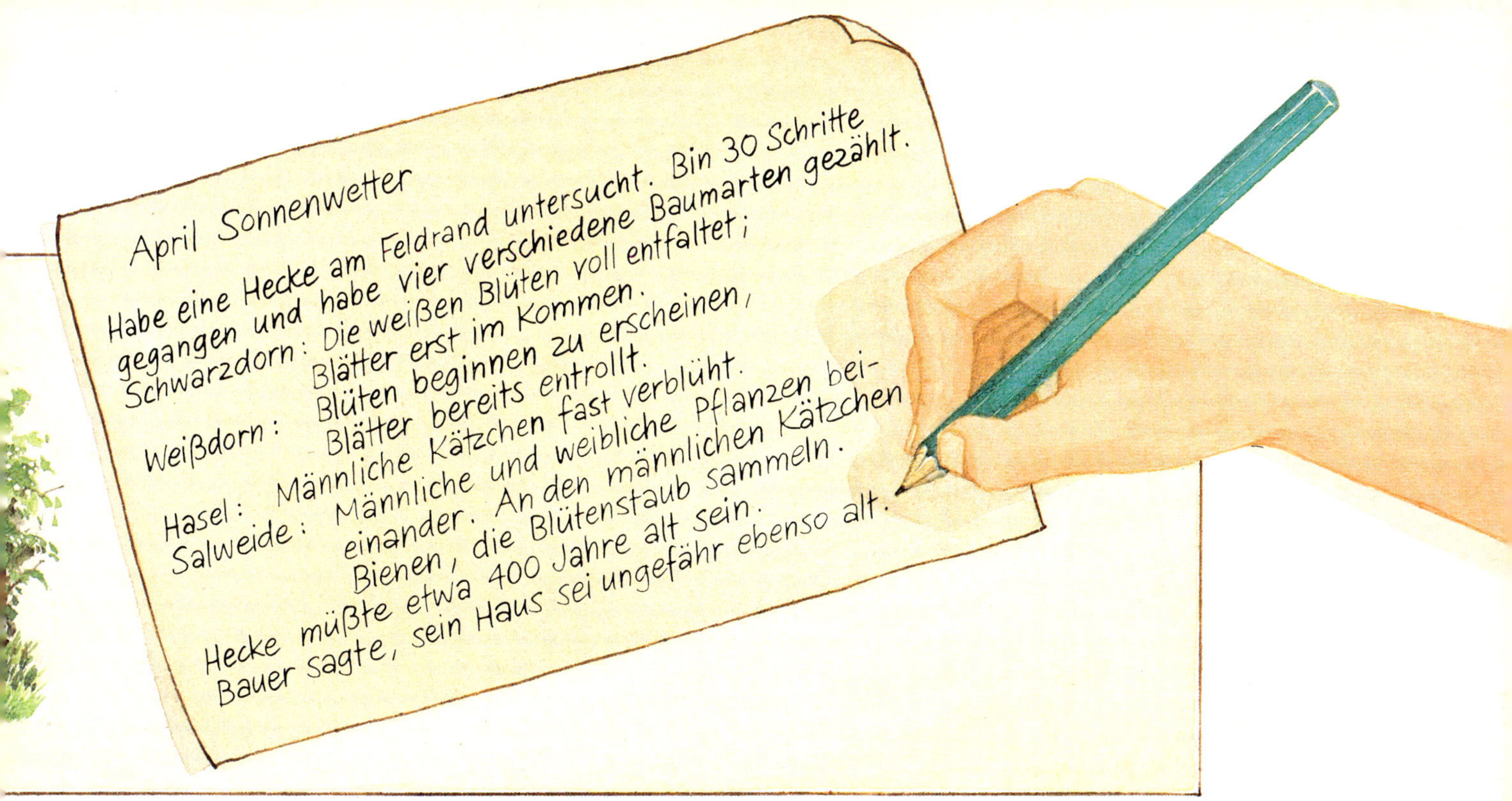

Wenn die harmlose **Ringelnatter** im Frühjahr erwacht, sonnt sie sich gern in der Nähe einer Hecke. Wird sie gestört, gleitet sie gewöhnlich lautlos davon. Manchmal stellt sie sich tot, um ihren Feinden zu entkommen.

Die **Erdkröte,** die im Wasser ebenso zu Hause ist wie auf dem Lande, sucht im Frühjahr einen Teich auf, um ihren Laich abzulegen. Anschließend lebt und verbirgt sie sich in Hecken, ist aber auch im Garten bisweilen zu sehen. Nachts jagt sie Insekten und Würmer.

Der dunkle Blütenkolben des **Aronstabs** wird von einem tütenähnlichen Blatt eingehüllt, das dazu dient, kleine Insekten gefangenzuhalten. Erst wenn sie die weiblichen Blüten bestäubt haben, aus denen sich später giftige rote Früchte entwickeln, kommen die Insekten wieder frei.

Die **Erdschlüsselblume,** die ihre gelben Blüten einzeln und ohne Schaft hervorbringt, ist in westeuropäischen Hecken recht verbreitet, bei uns jedoch ein sehr seltener Anblick.

Das geruchlose **Hainveilchen** sieht wie ein kleines Gartenstiefmütterchen aus. Seine herzförmigen Blätter bilden eine Rosette und sind schmaler als die Blätter anderer wildblühender Veilchen.

Im Laubwald

Ein Laubwald besteht aus Bäumen, die ihre Blätter im Herbst abwerfen. Dadurch wird ein dichter Blätterteppich geschaffen, der allmählich fault und in Humus übergeht. Von diesem Humus ernähren sich die Pflanzen. Dicht am Boden findet man Frühjahrsblumen, Moose und die im Herbst aus dem Boden schießenden Pilze. Über ihnen erheben sich Sträucher wie die Hasel und die Stechplame, und sie alle werden von den Ästen und Blättern der Bäume überdacht, die den Wald vor kalten Winden und heißen Sonnenstrahlen schützen. Ein Wald beherbergt auch viele Insekten, Vögel und andere Tiere.

Der **Große Buntspecht** baut sein Nest in einer Baumhöhle. Er warnt andere Vögel davor, zu nahe zu kommen, indem er mit dem Schnabel lautstark gegen einen Ast trommelt.

Der **Eichelhäher** ist ein bräunlicher Vogel mit weißem Bürzel und schwarz-weiß-blauen Federn an den Armschwingen. Wird er aufgeschreckt, läßt er ein lautes „rätsch“ hören. Leider plündert er die Nester anderer Vögel.

Der **Dachs** verläßt seinen unterirdischen Bau, der aus einem Kessel und vielen Gängen besteht, erst am Abend. An seinem schwarz-weiß gestreiften Kopf kann man ihn leicht erkennen. Sein einziger Feind ist der Mensch.

Das furchtlose **Grauhörnchen** stammt aus Nordamerika. In Deutschland trifft man es nicht an, in Großbritannien aber hat es das Eichhörnchen schon weitgehend verdrängt.

Das **Stattliche Knabenkraut** ist eine der ersten Orchideen des Frühjahrs. Sein durch Bienen übertragener Blütenstaub wird von zwei kleinen Behältern umschlossen.

Das blaue **Hasenglöckchen,** eine mit der Tulpe und der Hyazinthe verwandte Zwiebelpflanze, ist in den Wäldern Westeuropas sehr verbreitet. Man begegnet ihm auch viel in Gärten.

Das **Buschwindröschen,** dessen zarte Blüten leicht im Winde schwanken, ist in Wirklichkeit keine Rose, sondern ein Hahnenfußgewächs. Wie das Hasenglöckchen bildet es dichte Teppiche.

Im Nadelwald

Ein Nadelwald wächst entweder natürlich oder ist von Förstern in langen Reihen angepflanzt worden. Seine Bäume bringen Zapfen hervor und tragen meistens das ganze Jahr über dunkle, nadelförmige Blätter, die dem Wald ein düsteres Aussehen verleihen. Die im Laufe der Zeit herabfallenden Nadeln schaffen einen kargen Boden, auf dem wenig Blumen, aber allerlei Moose und Pilze wachsen. Nadelwälder sind oft sehr still und beherbergen scheue Lebewesen wie zum Beispiel das Reh, die Waldohreule und das Wildschwein.

Die **Haubenmeise,** eine Verwandte der Blaumeise, trägt eine schwarz-weiß gesprenkelte Haube auf dem Kopf. Sie lebt vorzugsweise in Nadelwäldern und nistet in Baumhöhlen.

Der kleine **Waldsauerklee** bringt weiße Blüten und kleeähnliche Blätter hervor, die sich bei Regen, grellem Licht und in der Nacht zusammenfalten. Er ist kein Klee und gedeiht an schattigen Orten.

Der **Rote Fingerhut** ist eine schöne, allerdings sehr giftige Pflanze, die man sowohl in Nadelwäldern als auch in Gärten häufig antreffen kann.

Jedermann kennt die **Brombeere,** deren schwarze Früchte sowohl den Vögeln als auch den Menschen schmecken. Die niederliegenden Zweigspitzen des Strauchs wurzeln im Boden fest und breiten ihn dadurch aus.

Die „Ohren“ der **Waldohreule** sind in Wirklichkeit keine Ohren, sondern Federbüschel. Nur selten bekommt man diesen scheuen Vogel zu Gesicht, denn er hält sich gut verborgen und gibt nur ein gedämpftes „huh“ von sich.

Der weitverbreitete **Adlerfarn** besitzt einen unterirdischen Wurzelstock, der jedes Jahr neue Wedel hervorbringt, so daß die Pflanze rasch eine große Fläche bedeckt. Farne vermehren sich durch Sporen, die gewöhnlich auf der Unterseite ihrer Wedel sitzen.

Der „Stachel“ der **Holzwespe** ist in Wirklichkeit ein Legebohrer, mit dem sie Löcher in einen Nadelbaum bohrt und ihre Eier ablegt. Die aus den Eiern schlüpfenden Larven ernähren sich von dem Holz. Auch die **Holzschlupfwespe** besitzt einen sägeartigen Legebohrer, mit dem sie ihr Ei in die Larve der Holzwespe senkt.

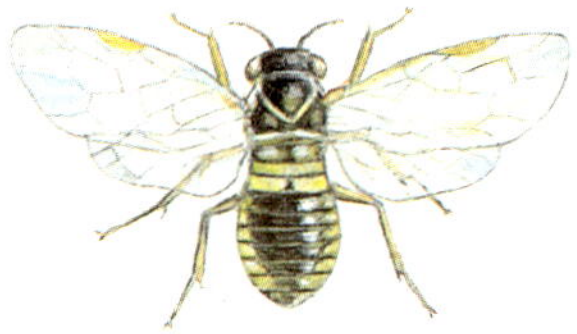

Die gedrungene **Kiefernblattwespe** schlitzt mit ihrer Legesäge Kiefernnadeln auf, in die sie ihre Eier legt. Ihre Larven fressen die Nadeln und können den Bäumen dadurch schwere Schäden zufügen.

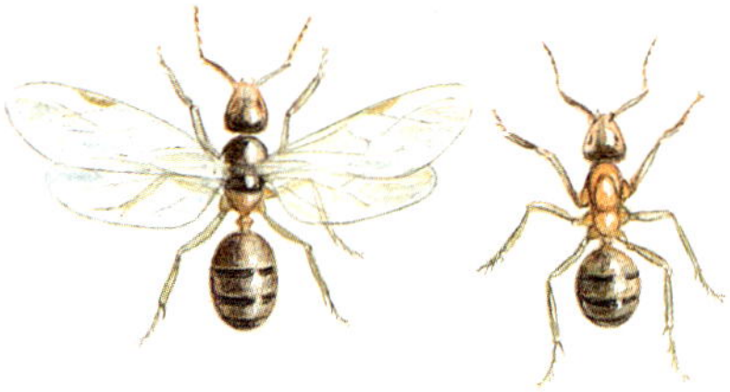

Die Haufen der **Roten Waldameise** – aus Nadeln aufgetürmte Oberbauten ihrer Nester – sind im Nadelwald kein seltener Anblick. Die Arbeiterinnen strömen in Kolonnen aus, um Nahrung für die unbeweglichen Larven zu besorgen.

Wie man Ameisen füttert
Schaue dich zunächst nach einem Nest der Waldameise und dann nach einer Straße um, auf der die Arbeiterinnen das Nest verlassen und zu ihm zurückkehren. Lege auf diese Straße verschiedene Nahrungsproben, um zu sehen, was sie am liebsten mögen. Wahrscheinlich wird es etwas Süßes oder Fleisch sein. Solche Ameisen schlecken Baumsaft und „melken“ Blattläuse, die Honigtau abgeben.

Das **Eichhörnchen** trägt Haarbüschel an den Ohren und einen rötlichbraunen, in manchen Gegenden Deutschlands auch schwärzlichen Pelz. Es lebt vor allem in Nadelwäldern und ernährt sich von den Samen der Nadelbäume.

Der Baum- oder **Edelmarder** wohnt gern in hohlen Bäumen, alten Taubennestern, Greifvogelhorsten und Eichhörnchenkobeln. Er ist noch flinker als das Eichhörnchen, das sich nur selten vor ihm in Sicherheit bringen kann.

Das **Wildschwein** verbirgt sich am Tage meist tief im Wald und kommt erst am Abend hervor, um mit seinen großen Eckzähnen den Boden aufzuwühlen und nach Pflanzen, Schnecken, Würmern und Insekten zu suchen.

Das zierliche **Reh** lebt in Rudeln. Das männliche Tier nennt man Bock, das weibliche Tier Ricke und die Jungen Kitze. Der Bock trägt ein scharfes, spitzes Geweih. Die Paarungszeit liegt im Mai.

Mai Warmer Tag

Habe im Nadelwald ein wimmelndes Nest der Roten Waldameise besichtigt und verschiedene Nahrungsproben auf eine ihrer Straßen gelegt. Alle Proben wurden mit den Fühlern untersucht, und einige wurden fortgetragen.

Käse: Teile abgebissen und fortgetragen.

Rahmbonbon: Konnten nichts abbeißen, gaben sich aber große Mühe, ihn zum Nest zu schleppen.

Marmelade: Schienen sie zu schlecken und aneinander weiterzugeben.

Wurstzipfel: Schnell aufgenommen und zum Nest gebracht. Schien ihnen am besten zu schmecken.

Auf dem Gipfel, am Bach

Berggipfel gehören zu den einsamsten und wildesten aller Lebensräume. Im Winter werden sie von Stürmen umtobt und liegen monatelang unter einer Schneedecke. Nur widerstandsfähige Pflanzen und Tiere können die strengen Winter und kurzen Sommer überleben. Wenn der Winter endlich vorbei ist, bringen die Pflanzen, die durch die Schneedecke geschützt waren, rasch ihre Blüten und schon bald darauf ihre Früchte hervor. Diese Pflanzen nennt man alpine Pflanzen. Zu den Tieren der Berge gehören einige bedrohte Arten wie der Steinadler und der Wolf, die hier Zuflucht gesucht haben.

Der **Steinadler,** ein prachtvoller Greifvogel, ist von alters her ein Sinnbild der Kraft und der Stärke. Bei uns lebt er nur noch in den Alpen, wo er seinen Horst an unzugänglichen Felswänden baut.

Dem **Alpenschneehuhn** begegnet man außer in den Alpen auch in Island, Schottland, Teilen Skandinaviens und den Pyrenäen. Sein Sommerkleid ist bis auf die Flügel braungrau, sein Winterkleid fast reinweiß.

Auch der Pelz des **Schneehasen** wird – mit Ausnahme der Ohrenspitzen – im Winter weiß. Die Jungen werden im Frühjahr über der Erde, aber im Schutz von Felsen geworfen.

Der **Wolf** ist in Deutschland seit dem 19. Jahrhundert ausgerottet. Heute lebt er in größerer Zahl nur noch in den einsamen Bergen und tiefen Wäldern Süd- und Osteuropas, Alaskas und Kanadas.

Das **Milzkraut** wurde früher gegen Milzkrankheiten verwendet. Es bildet an Bach- und Quellrändern dichte Polster und bringt zahlreiche winzige, goldgelbe Blüten hervor.

Die **Hirschzunge** ist leicht an ihren ungeteilten Wedeln zu erkennen, die sie von anderen Farnen unterscheidet. Sie gedeiht in schattigen Gebirgswäldern.

Bärlapp

Flechte

Der **Keulenbärlapp** ist ein primitiver Abkömmling frühzeitlicher Bärlappgewächse, die vor Millionen von Jahren einmal Baumhöhe erreichten. Eine **Flechte** ist ein Doppellebewesen aus einem Pilz und einer Alge.

Im Tal, am Fluß

Hoch oben in den Bergen entspringen kleine Bäche, die sich auf ihrem Lauf ins Tal zusammenschließen und dort größere Flüsse oder Seen bilden. In dieser ruhigen und sauberen Umgebung kann man Tiere antreffen, die die Nähe des Menschen gewöhnlich meiden. Im klaren Wasser leben sowohl Flußkrebse als auch Fische wie die Forelle, und infolgedessen fehlt auch der räuberische Fischotter nicht. Der Eisvogel taucht nach kleineren Fischen und nistet in einer Höhle in der Uferwand. Am Himmel kreist der suchende Bussard.

Der **Fischotter,** ein hervorragender Schwimmer, hat einen stromlinienförmigen Leib, einen spitz zulaufenden Schwanz und Schwimmhäute zwischen den Zehen. Von Fischern und Anglern gejagt und durch die Verschmutzung der Gewässer bedroht, ist dieser scheue Räuber inzwischen selten geworden.

Der **Königsfarn** wird am Uferrand etwa 1,50 Meter hoch. Er ist ungewöhnlich, weil seine Sporenkapseln, anders als bei den meisten Farnen, nicht an der Unterseite der Wedel, sondern an besonderen Wedelspitzen sitzen.

Der **Mäusebussard** ist ein Greifvogel der Berge und Moore, der hoch oben am Himmel seine Kreise zieht. Sein Ruf ist ein langgezogenes, miauendes „hijää". Er nistet auf Felsabsätzen oder in Baumwipfeln.

Die **Ringdrossel** gleicht ihrer Verwandten, der Amsel, trägt jedoch einen weißen Brustschild. Sie ist ein Zugvogel, der in Südeuropa überwintert und im Frühjahr in Nordeuropa in Felsnischen oder auf Heideböden nistet.

Der farbenprächtige **Eisvogel** schießt wie ein blauer Pfeil über das Wasser hinweg. Er stößt von einer Warte aus auf kleine Fische oder Wasserinsekten hinab, die er verschlingt, ohne sie zu zerkleinern.

Der silbrige **Hasel** ist ein rascher Schwimmer, der in seichtem, klarem Flußwasser lebt. Wie die Forelle kommt er an die Oberfläche, um dort nach Fliegen und anderen Insekten zu jagen.

Die gesprenkelte **Forelle,** die über den Steinen des Flußbetts kaum zu erkennen ist, schnappt an der Oberfläche nach verunglückten Insekten. Angler verwenden beim Forellenfang künstliche Fliegen.

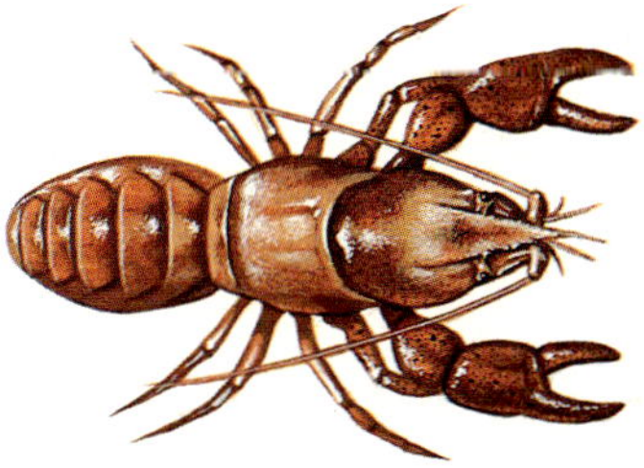

Der kleine **Flußkrebs,** eine Art Süßwasser-Hummer, kann nur in sauberem Wasser leben. Er versteckt sich gewöhnlich unter Steinen und kann bei Gefahr rückwärts schwimmen.

An der Flußmündung

Glasaale sind junge Aale, die aus der Sargassosee auf der anderen Seite des Atlantiks, wo sie geboren wurden, zu uns kommen. Ihre Wanderung dauert zwei Jahre. Die erwachsenen Tiere kehren zum Laichen dorthin zurück.

Eine Flußmündung ist ein Ort, an dem Süß- und Salzwasser sich miteinander vermischen und sogenanntes Brackwasser entsteht. Manche Fische – Lachse und Aale beispielsweise – können auf ihren langen Wanderungen von Salz- in Süßwasser überwechseln. Bei Ebbe sinkt der Wasserspiegel im Bereich der Flußmündung und legt den nährstoffreichen Schlamm frei. Er steckt voller verborgener Lebewesen, die den Seevögeln als Nahrung dienen. Erst bei Flut kommen diese Schlammbewohner wieder aus ihren Röhren hervor.

Der **Säbelschnäbler,** ein Watvogel mit nach oben gebogenem Schnabel, der im Frühjahr bei uns eintrifft, brütet an schlammigen Ufern. Er zählt zu den geschützten Tieren und ist allmählich wieder häufiger anzutreffen.

Der hochbeinige **Kampfläufer** verdankt seinen Namen den Kämpfen, die die Männchen während der Paarungszeit untereinander ausfechten. Sie fügen sich dabei jedoch keine ernsthaften Verletzungen zu.

Der **Knutt** oder Isländische Strandläufer brütet in der Arktis, verbringt den Sommer jedoch bisweilen, ohne zu brüten, an unseren Küsten. Manchmal lassen sich im Frühjahr riesige Schwärme von Durchzüglern an der Nordsee nieder.

Der **Lachs** wächst im Meer heran und schwimmt im Frühling oder Sommer flußaufwärts. Er springt auf dem Weg zu seinem Laichplatz oft hoch in die Luft, um Hindernisse zu überwinden.

Der **Flußuferläufer** trippelt mit wippendem Schwanz über den Schlamm, während er nach Nahrung sucht, die er mit seinem langen, dünnen Schnabel hervorzieht. Sein Ruf ist ein pfeifendes „hididi“.

Die **Brandente** oder -gans ist an ihrem schwarz-weißen Gefieder und dem roten Schnabel zu erkennen. Sie brütet in alten Kaninchenbauten und führt ihre Jungen schon bald aufs Wasser.

Das hohe **Salzschlickgras** wächst auf dem Schlamm der Uferzonen. Es wird oft auch gepflanzt, um den Boden zu festigen und die Flußmündung dadurch vor dem Versanden zu bewahren.

Die **Dicklippige Meeräsche** ist ein Seefisch, hält sich aber auch in Flußmündungen auf. Sie benutzt ihre Lippen, die mit einem kammartigen Rand versehen sind, dazu, Nahrung aus dem Schlamm herauszufiltern. Zähne besitzt sie nicht.

Die **Flunder** ist der einzige Plattfisch, der in Süßwasser leben kann. Sie kommt in Küstennähe häufig vor und steigt auch in die Flüsse. Plattfische leben und schwimmen auf der Seite und heben sich vom Meeresgrund kaum ab.

Seeringelwürmer graben sich im Schlamm der Flußmündungen Gänge, in denen sie leben. Sie tragen auf beiden Seiten ihres Körpers mit Borsten versehene Ruder. Angler verwenden Seeringelwürmer als Köder.

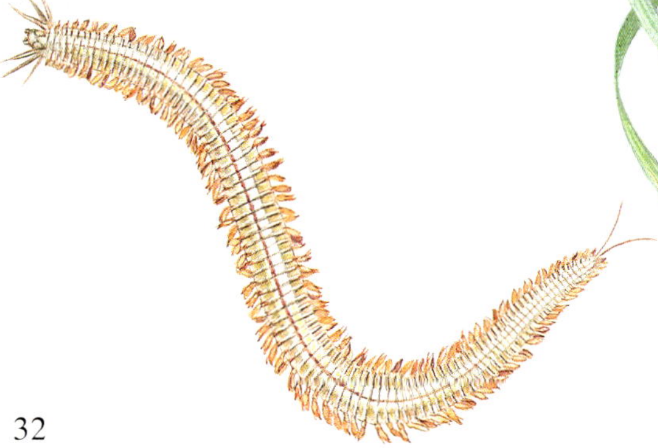

Der **Gemeine Schlammröhrenwurm** baut sich zum Schutz vor Feinden eine Röhre aus Schlamm und Schleim. Er lebt im Schlick und kommt nur bei Hochwasser hervor.

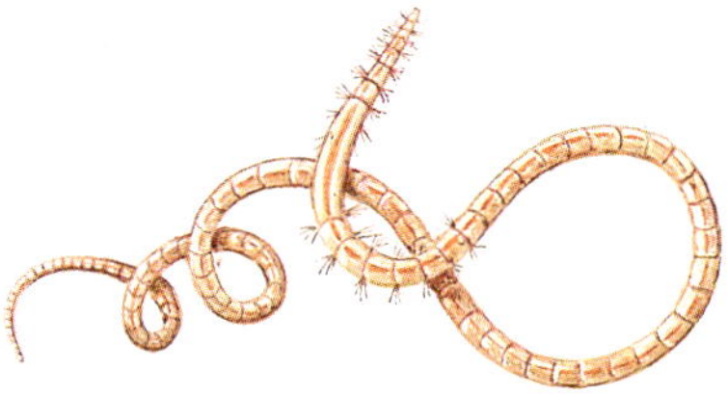

Seegras gehört zu den wenigen Blütenpflanzen, die in Salzwasser gedeihen. Es wächst auf frisch angeschwemmtem Flußsand und wird von Schwänen und Gänsen gefressen.

Wie man Schlammbewohner kennenlernt

Eine Strandwanderung wird dir zeigen, wo du nach Lebewesen graben mußt, die sich bei Niedrigwasser im Sand oder Schlamm verkriechen.

Gewundene Sandhäufchen stammen von Würmern, Mulden von eingegrabenen Krebsen oder Sandklaffmuscheln und Löcher von Watvögeln, die hier nach Nahrung gebohrt haben.

Diesen verborgenen Lebewesen kannst du mit einem Spaten auf die Spur kommen. Wenn du deinen Fang betrachtest und auf den Boden zurückgesetzt hast, kannst du sehen, wie er sich wieder eingräbt.

Schreibe und zeichne alles auf, was du siehst. Vergiß auch die Vögel nicht, die du bei der Nahrungssuche beobachtest.

Die **Sandklaffmuschel** ist ein Weichtier, das tief im Schlick oder Sand vergraben lebt. Sie ist durch eine lange Röhre, einen sogenannten Sipho, mit der Oberfläche verbunden und kann so bei Hochwasser Nahrung aufnehmen.

Die **Seespinne** hat im Gegensatz zu anderen Krebsen einen borstenbedeckten Rückenschild. Ihre Beine sind lang und schmal. Sie verbirgt sich zwischen Steinen und Seetang und kann sich im Schlamm eingraben.

Am Steilufer

Den ganzen Winter hat das Steilufer verlassen dagelegen. Erst im späten Frühjahr kehren zahlreiche Seevögel zurück, um auf den Absätzen und in den Höhlen ihre Nester zu bauen. Die Luft ist voller Vögel und schriller Rufe. Viele der Nester liegen dicht beieinander, und oft kommt es unter den Eltern zu Streitereien. Zur Nahrungssuche fliegen sie aufs Meer hinaus; einige von ihnen holen sich allerdings auch gelegentliche Brocken vom Strand. Auf Steilufern wachsende Pflanzen müssen salzige Luft vertragen und außerdem in Felsspalten wachsen können.

Die **Gemeine Grasnelke** ist eine beliebte Steingartenpflanze. Ihre Blätter bilden eine Rosette und ihre Wurzeln senken sich tief in schmale Spalten hinab.

Das **Seeleimkraut,** das an steilen Meeresküsten gedeiht, gehört zu den Nelkengewächsen. Seine Blätter sind mit einer Wachsschicht überzogen, die sie vor zu großer Verdunstung schützt.

Der **Papageitaucher** oder Lund ist an seinem bunten Schnabel leicht zu erkennen. Er hat im vorigen Jahrhundert noch auf Helgoland gebrütet, ist jetzt aber leider ein seltener Wintergast geworden, dessen Brutgebiete in Nord- und Westeuropa liegen.

Dem **Kormoran** kommen beim Fischfang ein langer Hals und ein langer Schnabel zu Hilfe. Nach der Mahlzeit sitzt der bei uns selten brütende Vogel oft auf einem Felsen und hält die Schwingen zum Trocknen ausgebreitet.

Die **Dreizehenmöwe** nistet in Deutschland nur auf den Helgoländer Klippen. Ihr häufigster Ruf ist ein „kittiwäk“. Sie pickt im Flug Nahrung von der Wasseroberfläche auf.

Der gänsegroße **Baßtölpel** – er verfügt über eine Spannweite von 1,80 Metern und ist ein hervorragender Taucher – ist bei uns nur selten zu Gast. Er brütet in Kolonien auf den Felseninseln um Großbritannien und Nordeuropa.

Die allgemein bekannte **Silbermöwe** ist die häufigste Möwe unserer Küsten. Sie nistet auf Felsvorsprüngen sowie im Dünensand und läßt sich am Strand von den Badegästen füttern. Ihr gelber Schnabel trägt einen roten Fleck.

Die **Felsentaube** ist die Stammutter unserer Haustaube. Sie ist heute noch an den Steilküsten Schottlands, Irlands und der Bretagne sowie in Südeuropa und außerhalb Europas anzutreffen.

Die in Kolonien brütende **Uferschwalbe** bohrt sich nicht nur in Steilufer, sondern auch in die Wände von Sand- und Kiesgruben tiefe Gänge. Sie fängt Insekten im Flug.

Wanderung durch den Sommer

Im Sommer erreicht die Sonne über Europa ihren höchsten Stand, und die Tage sind lang und warm. Während dieser Jahreszeit gibt es viel zu sehen und zu entdecken. In den Wäldern, den Feldern und allen Gebirgslagen, in denen der Schnee geschmolzen ist, blühen die Blumen. Die Vögel, einschließlich der Sommergäste, haben gebrütet und ziehen ihre Jungen auf. Die Bäume und Sträucher sind dicht belaubt und bilden zusammen mit den Blumen einen gedeckten Tisch für die Insekten, die ihrerseits wieder von den emsigen Vögeln gefangen und an ihre Jungen verfüttert werden.

Der blühende Garten wird von Schmetterlingen besucht. Manche Naturfreunde ziehen duftende Pflanzen wie die Buddleia, damit sie recht zahlreich erscheinen. Andererseits muß das Gemüse gegen den schädlichen Kohlweißling geschützt werden. Die Blüten bestäubende Honigbiene hingegen ist überall willkommen.

Nirgends kann man so viele wildblühende Pflanzen entdecken wie auf der Wiese. Hier ist auch der unermüdlich zirpende Grashüpfer beheimatet, und die Feldlerche hat hier ihr Nest. An der Hecke zeigt sich vielleicht ein sonnenhungriges Kriechtier, das bei Wärme munter, bei Kälte aber langsam und träge wird. Nur die Kreuzotter ist giftig

und darf auf keinen Fall angefaßt werden.

Wer leise geht, kann im Wald einem scheuen Reh und sogar einem Rehkitz begegnen. Oben in den Bäumen sitzt möglicherweise eine Eule, während unten am Boden die Reste ihrer letzten Mahlzeit liegen: Knochen, Haare und Federn, die sie als sogenanntes Gewölle wieder von sich gibt. Jetzt bietet sich die Gelegenheit, Sommergäste kennenzulernen und vielleicht auch dem klangvoll anschwellenden Gesang der Nachtigall zu lauschen.

Im Gebirge findet man bisweilen seltene Pflanzen, die jedoch nicht gepflückt werden dürfen. Statt dessen sollte man sie fotografieren oder zeichnen. Auch der Steinadler und der Kolkrabe sind hoch oben in den Bergen noch zu beobachten. Auf einer Wanderung im heidebewachsenen Moor kann man den Ruf des Brachvogels hören und vielleicht die sonderbare Kleeseide sehen, die auf anderen Pflanzen lebt.

Am Meer gibt es eine Fülle interessanter Lebewesen zu erforschen, besonders in den Fluttümpeln, mit denen die Natur sich ihre eigenen Aquarien schafft. Bei Niedrigwasser sieht man, wie viele Tiere an Steinen oder Felsen sitzen. Oft machen sie einen toten Eindruck, sie sind jedoch durchaus lebendig und bewegen sich umher, sobald das Wasser wieder gestiegen ist. Manche Küstenabschnitte – Sanddünen und steinige Strände – sind nährstoffarm und trocken, aber dennoch gelingt es einigen der feuchtigkeitsspeichernden Pflanzen, selbst dort Fuß zu fassen.

Im Garten

Der Garten steht im Sommer in voller Blüte und wird daher von vielen Insekten besucht. Bienen, Marienkäfer und viele Schmetterlinge kann man am Tage sehen; wer aber auch die Nachtinsekten kennenlernen möchte, sollte nach Einbruch der Dunkelheit eine Lampe ins Fenster stellen oder ein weißes Tuch auf der Erde ausbreiten und es mit einer Taschenlampe anstrahlen. Bald werden sich viele Käfer und Nachtfalter einstellen. In der Nacht kriechen die Regenwürmer an die Erdoberfläche, um sich zu paaren, während der Igel auf der Suche nach einer Mahlzeit umherstreift.

Der prachtvolle **Admiral** wandert regelmäßig aus dem Mittelmeerraum bei uns ein, um unsere blühenden Gartenpflanzen – vor allem die **Buddleia,** den sogenannten Schmetterlingsstrauch – zu besuchen.

Die grünlichen Raupen des **Großen Kohlweißlings** können ganze Kohlfelder kahlfressen. Leider haben diese Schädlinge einen üblen Geschmack und werden daher von den Vögeln verschmäht.

Die kleine **Mehlschwalbe,** ein Sommergast, baut ihr halbkugeliges Nest aus Erde und Speichel unter Dachüberständen. Von der **Rauchschwalbe** unterscheidet sie sich durch ihre weiße Unterseite.

Die nützliche **Honigbiene** ist ein eifriger Blütenbestäuber und wird ihres Honigs wegen in Bienenstöcken gehalten. Die Arbeiterinnen machen einander durch einen „Tanz" auf besonders lohnende Futterquellen aufmerksam.

Der **Weißstorch,** der im Frühjahr aus Afrika zurückkommt, brütet bei uns auf Gebäuden oder, wie in Spanien und Portugal, auch auf Bäumen. Oft findet er bereits eine Plattform oder ein Wagenrad als Nestunterlage vor.

Der **Siebenpunkt,** ein Marienkäfer, verdankt seinen Namen der Anzahl der schwarzen Punkte auf seinen roten Flügeldecken. Sowohl der Käfer als auch die Larven vertilgen Blattläuse und sind daher sehr nützlich.

Der farbenprächtige **Braune Bär** ist dank seines unangenehmen Geschmacks vor Vögeln sicher. Er ist vor allem nachts unterwegs, gibt sich aber keine große Mühe, tagsüber versteckt zu bleiben.

Der **Lindenschwärmer** legt seine Eier oft auf Linden ab. Der große Falter kommt in der Abenddämmerung hervor und ist ein kräftiger Flieger. Er „steht“ im Schwirrflug vor den Blüten, während er den Nektar saugt.

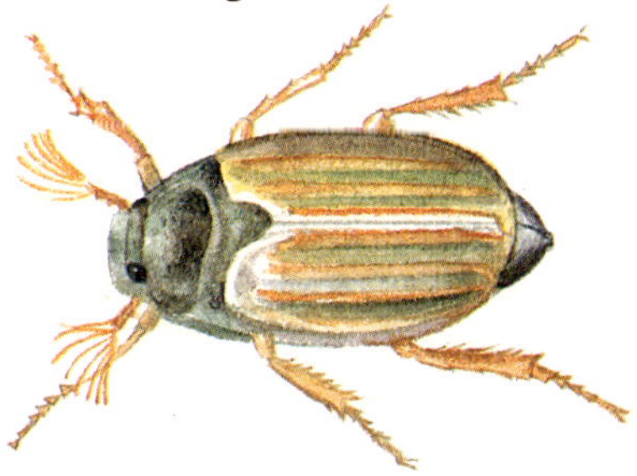

Der **Maikäfer** fliegt mit lautem Gebrumm – bisweilen auch gegen erleuchtete Fensterscheiben. Seine weißen Larven, die sogenannten Engerlinge, leben im Boden und sind berüchtigte Wurzelschädlinge.

Auf der Wiese

Auf einer Sommerwiese gibt es zahlreiche Gräser und Blumen zu entdecken – nicht nur den Hahnenfuß und den Klatschmohn, die leicht zu erkennen sind. Du kannst sie alle in dein Beobachtungsheft zeichnen. Außerdem ist die Wiese Nist- oder Futterplatz für Vögel wie die Feldlerche und das Rebhuhn. Der Mauersegler und die Bachstelze haben es auf die Insekten abgesehen, die von dem Weidevieh aufgestöbert werden. Sowohl die Insekten als auch die kleinen Säuger halten sich in und über dem Boden auf.

Der rußschwarze **Mauersegler** ist ein schnell fliegender Sommergast, den man in Schwärmen über der Wiese aufsteigen und niederschießen sehen kann. Er verbringt die meiste Zeit in der Luft und stößt schrille Schreie aus.

Die **Feldlerche** ist ein bekannter Singvogel. Sie singt ohne Unterlaß, während sie zum Himmel aufsteigt und wieder zur Erde hinabschwebt, wo, im Grase versteckt, ihr Nest liegt.

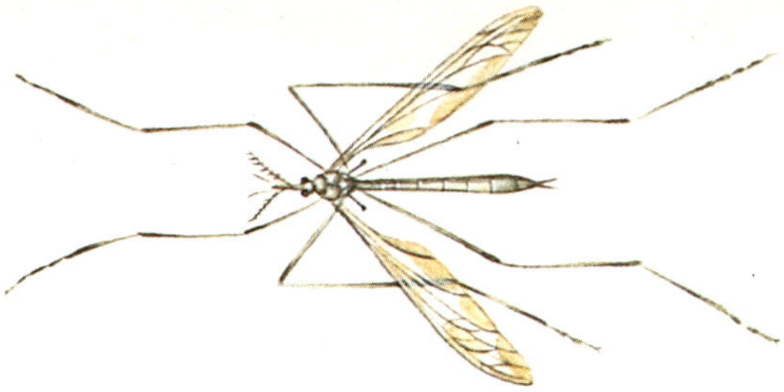

Das **Große Ochsenauge,** das auf der Wiese häufig anzutreffen ist, trägt auf beiden Vorderflügeln einen Augenfleck. Es fliegt nur langsam, entgeht seinen Feinden jedoch oft durch seine unauffällige Färbung.

Die langbeinige **Wiesenschnake** legt ihre Eier in den Boden ab. Schon nach wenigen Tagen schlüpfen die Larven, die „Wiesenwürmer“, die der Grasnarbe erheblichen Schaden zufügen können.

Der **Grashüpfer** streicht mit seinen Hinterbeinen wie mit einem Geigenbogen über seine Flügeldecken und ist an warmen Sommertagen auf der Wiese gut zu hören. Mit seinen großen Hinterbeinen ist er ein kräftiger Springer.

Der **Maulwurf** legt mit seinen schaufelartigen Vorderbeinen ein System unterirdischer Gänge an. Auf seiner Suche nach Würmern und Insekten schiebt er das Erdreich vor sich her und häuft es über dem Boden zu den bekannten Maulwurfshügeln an.

Die stets geschäftige kleine **Zwergmaus** hält sich mit dem Schwanz fest, wenn sie die Gras- und Getreidehalme hinaufklettert, an denen sie auch ihr Nest aufhängt. Sie ist am Tage unterwegs.

Der schwerfällige **Große Mistkäfer** lebt in der Nähe von Kuhfladen. Aus dem Mist formt er kleine Würste, die er in unterirdische Gänge schafft, um seine Larven damit zu füttern.

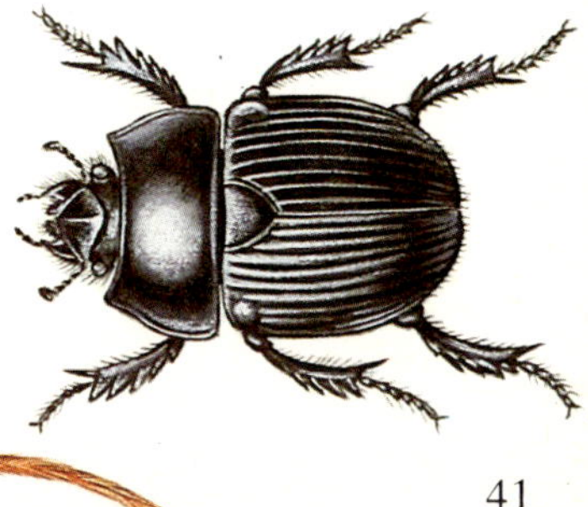

Wie man Tierskizzen anfertigt

Es ist gar nicht schwer, rasche Tierskizzen für das Beobachtungsheft anzufertigen. Wenn du dir die Farben, die Lautäußerungen, die Bewegungen und, falls vorhanden, die besonderen Markierungen der Tiere aufschreibst, kannst du sie zu Hause anhand deiner Bücher bestimmen.

Zeichne zunächst eine Figur für den Leib, die der Figur des Tieres in etwa entspricht. Das kann ein Kreis, ein Oval und sogar ein Rechteck sein. Füge dann eine weitere Figur für den Kopf hinzu.

Nun kommen Schnabel oder Maul, Flügel oder Beine und der Schwanz. Wenn du keine Zeit hast, um das Fell oder Gefieder einzuzeichnen, kannst du die Skizze zu Hause fertigstellen. Wichtig ist, daß Beine und Schwanz nicht zu lang oder zu kurz geraten.

Die **Futterwicke** gehört wie die Gartenerbse zur Familie der Schmetterlingsblütler. Ihre Blüten erinnern an die Gestalt eines Schmetterlings, und ihre Früchte sind wie bei der Erbse Hülsen.

Die **Wilde Malve** oder Große Käsepappel ist eine rauhhaarige Pflanze, die purpurrote Blüten mit dunkleren Streifen und fünf- bis siebenlappige Blätter hervorbringt.

Der häufig anzutreffende **Weißklee** wird von den Bauern oft als Futterpflanze für das Vieh angebaut. Außerdem verbessert er die Beschaffenheit des Bodens.

Die Blüten des **Wiesenstorchschnabels** werden von hohen Stengeln getragen und entwickeln sich zu langen, spitz zulaufenden Früchten, die an den Schnabel eines Storchs erinnern.

Beim **Gemeinen Hornklee,** einem Schmetterlingsblütler, bilden jeweils drei bis acht gelbe Einzelblüten, die einen leichten Anflug von Rot zeigen, einen gemeinsamen Blütenstand.

Die **Rundblättrige Glockenblume** ist mit ihren nickenden blauen Blüten in lichten Eichenwäldern, auf Wiesen und an Wegrändern kein seltener Anblick. Nur die Grundblätter sind rundlich, die Stengelblätter schmal und lang.

Der wohlbekannte **Klatschmohn** ist im Kornfeld selten geworden, seitdem die Bauern chemische Mittel gegen wildwachsende Pflanzen spritzen. Auf grasigem Gelände ist er jedoch noch zu sehen.

Der hübsche **Jakobskrautbär** schlüpft im Mai oder Juni aus seiner Puppe. Die Raupe erscheint im Juli oder August. Die Vögel erkennen ihre leuchtende Warnfärbung und rühren sie nicht an, da sie einen üblen Geschmack hat. Sie lebt am **Jakobskreuzkraut,** das gelbe, margeritenähnliche Blüten hervorbringt.

Im Teich

Der Teich ist die Heimat vieler Pflanzen und Tiere, die im Wasser leben oder sich hier vermehren. Außer Fischen gibt es zahlreiche Wasserinsekten wie Käfer, Wasserwanzen und Libellen zu beobachten. Irgendwann im Juni sind die jungen Frösche, Kröten und Molche wahrscheinlich weit genug entwickelt, um an Land zu gehen. Wenn sie ausgewachsen sind, kehren sie wie einst ihre Eltern in den Teich zurück und legen zwischen den Wasserpflanzen ihren Laich ab. Die Seerose, die Wasserschwertlilie und ähnliche Blumen stehen jetzt in voller Blüte.

Der **Goldfisch** ist ein Aquariumfisch, der sich auch in Gartenteichen wohl fühlt. Er stammt von der asiatischen Silberkarausche ab und ist inzwischen in vielen Farben und Formen anzutreffen.

Die **Wasserspinne** ist die einzige Spinne, die unter Wasser leben kann. Sie baut sich zwischen den Pflanzen ein luftgefülltes Netz, das als Wohnglocke und Platz für die Eiablage dient.

Die **Plötze,** auch Rotauge genannt, gehört zu unseren häufigsten Teichfischen. Sie hat rötliche Augen und Flossen, schwimmt im Schwarm und wird vor allem zur Fütterung anderer Fische viel gefangen.

Der große **Karpfen** lebt in Teichen und Seen. Sein Maul ist mit sogenannten Bartfäden ausgestattet, die ihm helfen, den Schlamm nach Pflanzen und kleinen Tieren abzutasten.

Das Leben eines Froschs

Im Frühjahr suchen die Frösche den Teich auf, um sich zu paaren und fortzupflanzen.

Ein Weibchen legt einen Laichklumpen ab, der bis zu 4000 Eier enthält.

Im Ei bildet sich eine Kaulquappe, die nach einer Woche schlüpft.

Der Wasser- oder **Teichfrosch** kommt in den meisten Teichen und Gräben Europas vor. Im Sommer veranstalten die Männchen laute Konzerte, bei denen sie ihre gewaltigen Schallblasen nach außen stülpen.

Der **Hecht** ist ein großer Raubfisch, der sich im Schilf auf die Lauer legt, um plötzlich hervorzuschießen und seine Beute zu packen. Er kann selbst eine junge Ente von der Wasseroberfläche herabziehen.

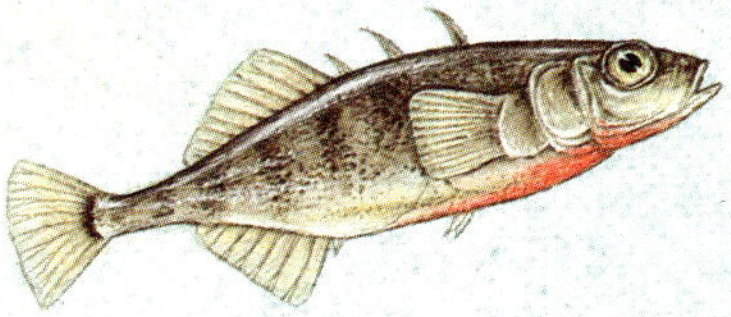

Der **Stichling** ist ein bekannter Fisch mit ungewöhnlichem Brutverhalten: Das rotbäuchige Männchen baut ein Nest, lockt Weibchen herbei, die dort ihre Eier ablegen, und bewacht anschließend sowohl die Eier als auch die Jungfische.

Der **Kammolch** ist im Wasser genauso zu Hause wie auf dem Lande. Seinen Laich legt er wie der Frosch im Teich ab. Das Männchen, das einen richtigen Werbetanz vor seinem Partner aufführt, trägt auf Rücken und Schwanz einen hohen, gezackten Kamm.

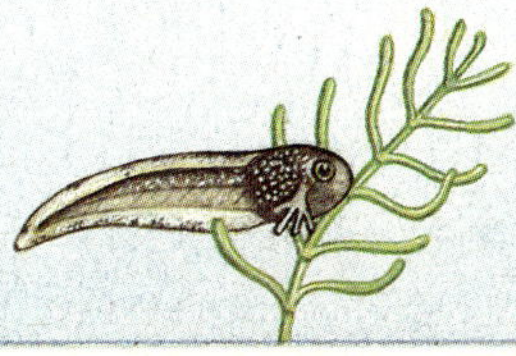

Bevor ihr Maul sich öffnet, klebt die Kaulquappe an Wasserpflanzen.

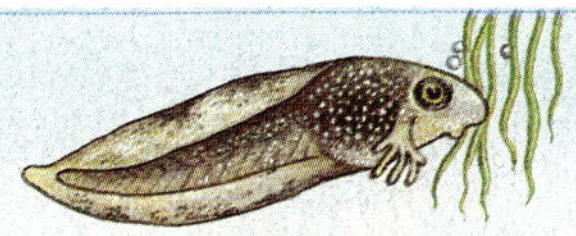

Hat das Maul sich geöffnet, schwimmt sie frei umher. Sie atmet durch Kiemen.

Die Kiemen verschwinden, es bilden sich Lungen und Hinterbeine.

Nach 10 Wochen erscheinen Vorderbeine, der Schwanz wird abgestoßen, und der junge Frosch verläßt den Teich.

An der Hecke

Nirgends läßt sich im Sommer besser nach Insekten, wildwachsenden Blumen und verschiedenen Bäumen und Sträuchern forschen als an einer Hecke. Im Juni beginnt hier die Hundsrose zu blühen. Die Mäuse und Spitzmäuse rascheln das ganze Jahr durchs Gebüsch, sind aber nur selten zu sehen. Immerhin kann man ihre Gänge aufspüren. Gelegentlich zeigt sich wohl auch eine Blindschleiche beim Sonnenbad, die nicht gestört werden sollte. Verschiedene Vögel nisten in der Nähe der Hecke und suchen in ihr nach Nahrung.

Die **Nachtigall,** ein berühmter Singvogel, ist sowohl am Tage als auch bei Nacht zu hören, doch schwer zu Gesicht zu bekommen. Das Weibchen ist auf seinem Nest, das dicht über dem Erdboden liegt, gut vor Blicken geschützt.

Der farbenprächtige, hübsche **Stieglitz** ist nach seinem Lockruf „stiglitt“ benannt worden. Da er eine besondere Vorliebe für die Früchte der Distel besitzt, hat man ihm auch den Namen Distelfink gegeben.

Die kleine **Schwanzmeise** sammelt Moos, Federn, Gräser und sogar Spinnweben, um ein weiches und gut getarntes Nest für ihre Eier zu bauen. Sie zieht oft eine zahlreiche Brut auf.

Die äußerst rastlose und ungesellige **Waldspitzmaus** ist im Gegensatz zu den Mäusen kein Nager, sondern ein Insektenfresser. Sie jagt ihre Beute sowohl am Tage als auch bei Nacht.

Der bunt befiederte **Fasan** kräht, wenn er einen Rivalen zum Kampf herausfordert. Die Henne ist bräunlich gefärbt und auf ihrem Bodennest an der Hecke leicht zu übersehen.

Die harmlose **Blindschleiche** ist keine Schlange, sondern eine beinlose Eidechse. Im Gegensatz zu anderen Eidechsen wirft sie ihre Haut jedoch in einem Stück ab. Sie ernährt sich vor allem von Schnecken und Würmern.

Die Hecken- oder **Hundsrose** ist die häufigste Wildform der Rose. Im Herbst bringt sie rote Früchte hervor, die sogenannten Hagebutten, die im Winter von Vögeln verzehrt werden.

Der **Roten Lichtnelke** kann man während der Sommermonate in der Nähe einer Hecke begegnen. Ihre Blüten besitzen bauchige Kelche und sind manchmal eher blaßrosa als rot.

Im Laubwald

Der Sommer ist im Eichen- und Buchenwald eine recht ruhige Jahreszeit. Die Vögel haben ihre morgendlichen Gesänge eingestellt, und statt dessen kann man nun das Summen der Insekten und das leise Rauschen der Blätter hören. Die Tage des Nestbaus sind vorüber, die Frühblüher haben ihre Samen hervorgebracht, und die Sträucher und Bäume tragen reifende Früchte. Wer still im wohltuenden Schatten sitzt, hat vielleicht Glück und bekommt scheue Tiere wie die Ricke und ihr Kitz zu sehen. Ein rechter Naturfreund bewegt sich langsam und leise, damit er das Leben um sich herum nicht stört.

Die **Vogelnestwurz** hat fahle Blüten, die zwischen toten Buchenblättern schwer zu erkennen sind. Sie besitzt keine Blätter, ist aber trotzdem kein Schmarotzer, sondern lebt von abgestorbenen pflanzlichen Stoffen.

Das rötliche **Waldweidenröschen** wird dank seiner vielen behaarten Samen vom Wind rasch verbreitet. Es gedeiht besonders gut auf ehemaligen Brandflächen.

Weißmoos ist in den meisten Buchenwäldern anzutreffen. Seine Polster färben sich bei trockenem Wetter fast weiß, werden bei Regen aber sehr rasch wieder grün.

Ein **Schnellkäfer,** der auf den Rücken gefallen ist, kann sich dank einer besonderen Vorrichtung hochschnellen, um wieder auf die Beine zu kommen.

Das Männchen der **Hirschkäfer** ist trotz seines großen, geweihartigen Oberkiefers harmlos. Seine Larve lebt bis zu fünf Jahren in einem Baumstumpf, bevor sie sich verpuppt.

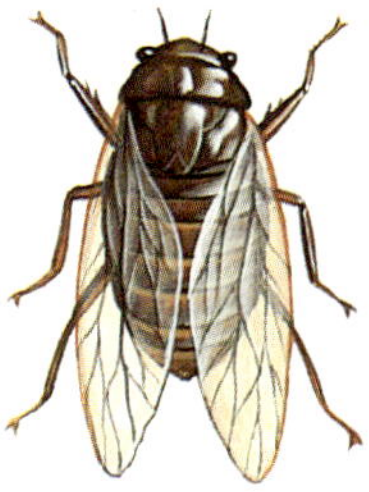

Die **Bergzikade** gehört zur Familie der Singzikaden, gibt im Gegensatz zu ihren lauten Verwandten in den Mittelmeerländern jedoch nur ein bescheidenes Zirpen von sich.

Der prächtige **Schwalbenschwanz** verdankt seinen Namen der schwanzartigen Verlängerung seiner Hinterflügel. Er legt seine Eier oft auf Mohrrüben ab und bevorzugt den Waldrand.

Die **Hornisse** ist eine größere und etwas rötlicher gefärbte Verwandte der Wespe. Im allgemeinen sticht sie den Menschen nicht. Hornissenvölker nisten oft in Baumhöhlen.

Der **Zilpzalp** oder Weidenlaubsänger kehrt schon im März zu uns zurück. Sein „zilp-zalp", ein einfaches, nur aus zwei Tönen bestehendes Lied, ist den ganzen Sommer über zu hören.

Der kleine, braune **Waldbaumläufer** klettert an Baumstämmen empor, um in den Rissen der Borke nach Insekten zu suchen. Ist er an der Spitze angekommen, fliegt er zum Fuß des nächsten Baumes hinab.

Der **Kleiber** ist ein Waldvogel, der Baumstämme hinauf- und hinabklettert. Sein Name geht darauf zurück, daß er seine Bruthöhle bis auf ein kleines Schlupfloch mit Lehm „verklebt".

Der **Damhirsch** ist bei uns vor allem in Gehegen, aber auch in freier Wildbahn anzutreffen. Sein braunes Haarkleid trägt gewöhnlich weiße Flecken. Das männliche Tier hat ein schaufelförmiges Geweih.

Wie man Vogelfedern sammelt

Im Hochsommer wechseln viele Vögel ihr Gefieder: Sie mausern sich, wie man sagt.

Das ist die richtige Zeit, um Vogelfedern zu sammeln. An ihren Formen und Farben kannst du sehen, von welchen Vögeln sie stammen.

Klebe die Federn mit Tesafilm in dein Beobachtungsheft, vermerke die Namen der Vögel und gib eine kurze Beschreibung der Federn.

Der **Waldkauz,** unsere häufigste Eulenart, brütet in Baumhöhlen und alten Krähennestern. Außer dem bekannten „huu, hu, huuuuuu" stößt er auf der Jagd ein lautes „huijk" aus.

Der **Gartenrotschwanz** ist nicht nur im Garten, sondern auch im Wald anzutreffen. Er brütet in Baumhöhlen, wippt im Sitzen mit dem Schwanz und pickt seine Nahrung meistens vom Boden auf, obwohl er gut fliegen kann.

Die **Ringeltaube** ist an ihrem gurrenden Ruf und dem weißen Halsfleck zu erkennen. Sie schließt sich zu riesigen Schwärmen zusammen und wird vom Bauern nicht gern gesehen, weil sie Getreide und andere Feldfrüchte frißt.

Auf dem Gipfel, am Bach

Viele Berggipfel sind auf Wanderwegen zu erreichen; aber trotzdem mußt du gut aufpassen, wohin du trittst, und auf keinen Fall solltest du alleine losgehen. Die günstigste Jahreszeit für Bergtouren ist der Sommer. Zur Marschausrüstung gehören warme Kleidung, kräftige Stiefel und etwas zu essen. Wenn es beim Aufbruch auch sonnig und heiß sein mag, kann es auf dem Gipfel doch kalt und windig sein. Oben angekommen, wirst du vielleicht durch einen herrlichen Ausblick für alle Mühen belohnt. Wer Glück hat, entdeckt interessante Alpenpflanzen oder einen kreisenden Adler. Und vergiß nicht, unter den Steinen im Fluß nach verborgenen Lebewesen zu schauen.

Der **Borstgras-Bergmohr** kommt ausschließlich im Gebirge vor. Da er in der Kälte lebt, kann er nur fliegen, wenn die Sonne scheint. Sobald sie verschwindet, versteckt er sich im Gras.

Die **Moorbirke** gedeiht sowohl im Moor als auch im Gebirge. Sie ist kleiner als die ähnliche Weißbirke, wächst oft auch nur als Strauch und ist außerdem an ihren behaarten jungen Zweigen zu erkennen.

Die **Eberesche** oder Vogelbeere wächst nicht nur im Gebirge, sondern auch in vielen Gärten. Ihre weißen Blüten bringen beerenähnliche rote Früchte hervor, die von den Vögeln gern gefressen werden.

Das **Gelbe Veilchen** ist eine Alpenpflanze, die gelb, violett oder auch zweifarbig blüht. Sie ähnelt dem Gartenstiefmütterchen, ist aber kleiner.

Der **Rote Steinbrech** ist eine Alpenpflanze mit weinroten bis violetten Blüten und eiförmigen Blättern, die an langen, niederliegenden Stengeln sitzen. Er blüht im Sommer.

Das **Edelweiß** wächst in den Gebirgen Mittel- und Südeuropas sowie in Steingärten. Wie viele selten gewordene Pflanzen steht es unter Naturschutz und darf nicht gepflückt werden.

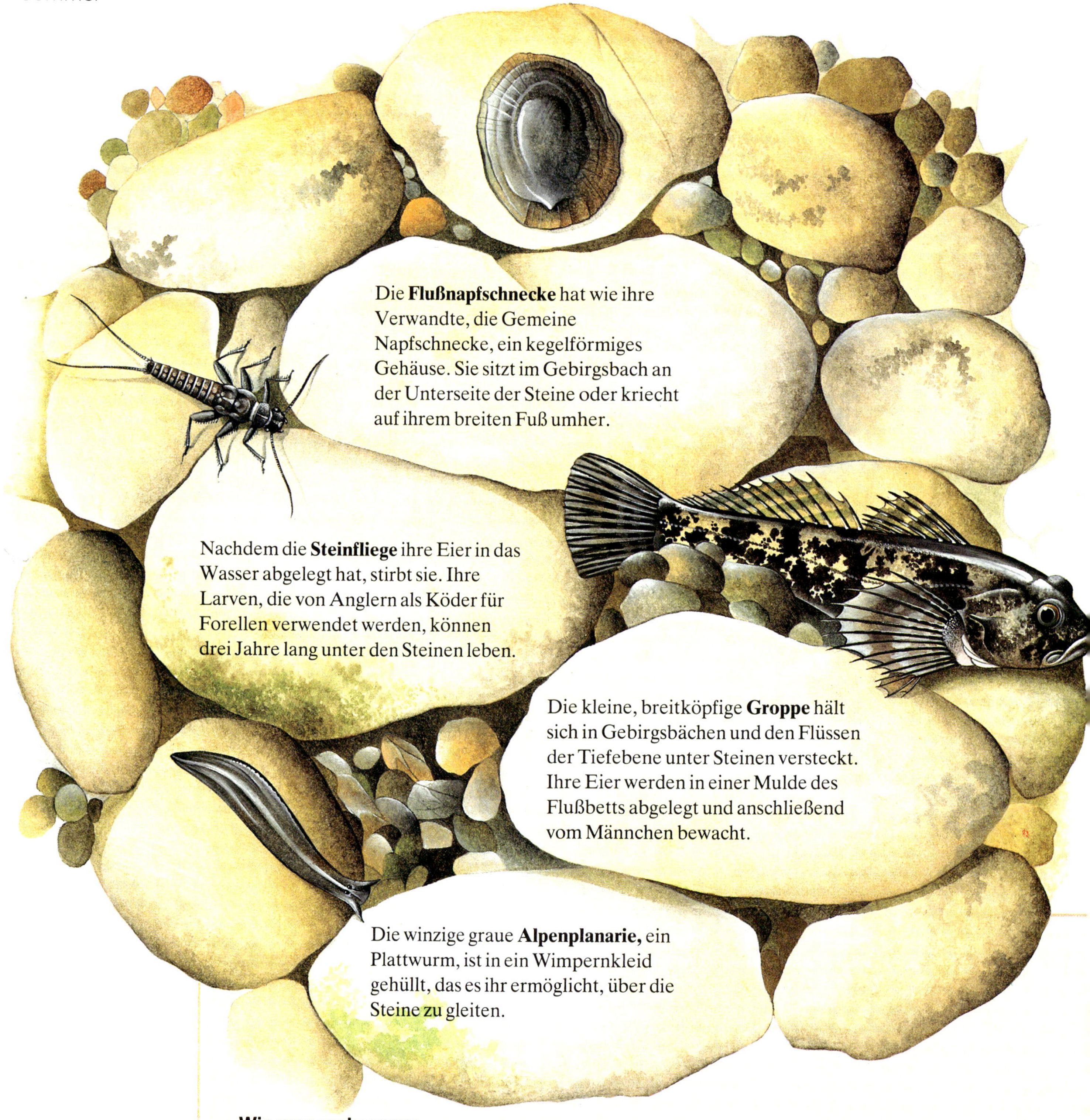

Die **Flußnapfschnecke** hat wie ihre Verwandte, die Gemeine Napfschnecke, ein kegelförmiges Gehäuse. Sie sitzt im Gebirgsbach an der Unterseite der Steine oder kriecht auf ihrem breiten Fuß umher.

Nachdem die **Steinfliege** ihre Eier in das Wasser abgelegt hat, stirbt sie. Ihre Larven, die von Anglern als Köder für Forellen verwendet werden, können drei Jahre lang unter den Steinen leben.

Die kleine, breitköpfige **Groppe** hält sich in Gebirgsbächen und den Flüssen der Tiefebene unter Steinen versteckt. Ihre Eier werden in einer Mulde des Flußbetts abgelegt und anschließend vom Männchen bewacht.

Die winzige graue **Alpenplanarie,** ein Plattwurm, ist in ein Wimpernkleid gehüllt, das es ihr ermöglicht, über die Steine zu gleiten.

Wie man verborgene Lebewesen aufspürt

Auf den ersten Blick scheint es in Gebirgsbächen keinerlei Lebewesen zu geben; tatsächlich muß man jedoch nur wissen, wo man nachzuschauen hat. Die Tiere verbergen sich nämlich zum Schutz vor Feinden und um nicht fortgespült zu werden unter Steinen. Wenn du einen Stein aufnimmst, solltest du ihn wieder an dieselbe Stelle zurücklegen, damit die Tiere, die hier leben, nicht gestört werden.

Der **Rotmilan** ist von anderen Greifvögeln gut durch seinen langen, tiefgegabelten Schwanz zu unterscheiden. Er frißt wie der Kolkrabe unter anderem Aas und Abfälle und nistet hoch in den Baumwipfeln.

Der **Kolkrabe** ist der größte Vertreter der Rabenvögel. Einst konnte man ihm in Städten und Dörfern, wo er sich von Abfällen ernährte, häufig begegnen. Heute hat er sich vielfach ins Gebirge zurückgezogen.

Der **Wanderfalke** wird bisweilen dazu abgerichtet, andere Vögel zu jagen. Er kann mit Geschwindigkeiten bis zu 160 Stundenkilometern auf seine Beute hinabstoßen. Sein Horst steht häufig auf Felsklippen.

Der **Mornellregenpfeifer,** ein ungewöhnlich zutraulicher Vogel, lebt hoch im Gebirge und brütet auf kahlen Felsen. Da er ruhig sitzen bleibt, wenn man sich ihm nähert, und sein Fleisch gerne gegessen wird, ist seine Zahl im Sinken begriffen.

Der **Steinschmätzer,** ein früher Sommergast, bevorzugt hügelreiches Gelände und brütet in Mauerlöchern, Steinhaufen und sogar Kaninchenbauten. Sein schwarz-weißer Schwanz wippt auf und nieder, während er den Boden nach Insekten absucht.

Der **Skandinavische Lemming** ist eine nordeuropäische Wühlmaus, die gewöhnlich in den Bergen lebt. In Zeiten starker Vermehrung zieht sie jedoch zu Tale und ertrinkt oft bei dem Versuch, Flüsse oder Meeresarme zu durchschwimmen.

Bin an einem Fluß stehengeblieben, um unter den Steinen nach Wassertieren zu schauen. Fand kleine Lebewesen, die sich an die Steine klammerten, um nicht von der Strömung fortgerissen zu werden. Eine Flußnapfschnecke saß fest an einem Stein. Ließ sie dort sitzen, um sie nicht zu verletzen. Erkannte eine Steinfliegenlarve an ihren beiden „Schwänzen". Eine Alpenplanarie wollte dem Licht ausweichen und begann, um den Stein herumzukriechen. Sah eine Groppe und ihre Eier, die an der Unterseite eines Steins klebten. Legte den Stein rasch zurück, um nicht zu stören.

Im Tal und im Moor

Der **Merlin,** der kleinste Falke Europas, fliegt bei der Jagd schnell und dicht über dem Boden. Bei uns ist er nur als Durchzügler und Wintergast zu sehen; seine Brutgebiete liegen in Nordeuropa.

In vielen Gegenden Europas haben große Wasserüberschüsse heidebewachsene Moorlandschaften entstehen lassen, die einen sauren und oft kargen Boden aufweisen. Sie können auf der Höhe des Meeresspiegels, aber auch weit darüber liegen. Die absterbenden Pflanzen des Moores werden allmählich zu Torf und sehr viel später vielleicht zu Kohle. Moore sind einsame Gegenden, in denen man sich leicht verirren kann; du solltest deshalb nicht alleine losgehen. Sumpfige Stellen werden manchmal vom Sonnentau und der Kleeseide angezeigt. Die giftige Kreuzotter ist ungefährlich, wenn man sie in Ruhe läßt.

Die **Kornweihe** bevorzugt bei der Jagd nach kleinen Säugetieren offenes Gelände. Der seltene Greifvogel brütet in der norddeutschen und polnischen Tiefebene.

Der **Goldregenpfeifer,** ein Bewohner feuchter Hochmoore, ist dank seiner goldgelb gesprenkelten Oberseite kaum zu erkennen, wenn er auf seinem Nest im Heidekraut sitzt.

Der **Große Brachvogel** läßt seinen melodischen „Balzroller" auch außerhalb der Brutzeit hören, die er in Moor- und Heidelandschaften verbringt. Seine Nahrung zieht er mit seinem sehr langen, abwärts gebogenen Schnabel aus dem Boden hervor.

Der Ziegenmelker oder die **Nachtschwalbe,** ein Sommergast, gibt nach Einbruch der Dunkelheit ein seltsames, minutenlanges Schnurren von sich. Sie nistet zwischen Heidepflanzen oder abgestorbenen Blättern und ist dort dank ihres Tarnkleids tagsüber kaum zu sehen.

Die **Kreuzotter,** die einzige Giftschlange Nordeuropas, ist an dem Zickzackband auf ihrer Rückenmitte gut zu erkennen. Sie ist scheu und greift den Menschen nur an, wenn sie sich bedroht fühlt.

Die **Bergeidechse** legt im Gegensatz zu anderen Eidechsen keine Eier, sondern bringt im Hochsommer lebende schwarze Junge zur Welt, die schon nach kurzer Zeit selbständig sind.

Wie Täler zu U-Tälern wurden

Vor langer Zeit lagen große Teile Nord- und Westeuropas unter einer dicken Eisschicht. Auch in die Täler drang das Eis und bildete Gletscher.

Das prächtige **Kleine Nachtpfauenauge** trägt Augenflecken auf seinen Flügeln. Seinem Namen zum Trotz fliegt das Männchen am Tage, während das Weibchen, das seine Eier auf Heidekraut ablegt, nachts unterwegs ist.

Die **Glockenheide** bringt glockenförmige Blüten hervor, die größer als die des bekannteren Heidekrauts sind. Sie wächst im milderen Klima Westeuropas wild, ist bei uns jedoch nur im Garten anzutreffen.

Der Heidel- oder **Blaubeere** kann man in Heide- und Moorlandschaften recht häufig begegnen. Ihre Früchte werden zu Saft und zu Marmelade verarbeitet.

Das **Wollgras** gehört zur Familie der Riedgräser und bevorzugt sumpfige Standorte. Zur Fruchtzeit bildet es die kleinen weißen Wollköpfchen, denen es seinen Namen verdankt.

Langsam schoben sich die Gletscher die Täler hinab und gaben ihnen dabei ihre heutige breite U-Form.

Als das Eis schmolz, hinterließ es Seen und große Steinblöcke, sogenannte Findlinge. Heute ergießen sich Nebenflüsse als Wasserfälle in die Täler.

Das **Heidekraut,** auch Besenheide genannt, gedeiht von Norddeutschland bis zu den Alpen. Seine glockenförmigen Blüten werden von Juli bis September von Bienen besucht. Früher wurde es mancherorts auch zum Dachdecken benutzt.

Der **Rundblättrige Sonnentau** hat rosettenförmig angeordnete Blätter mit klebrigen, in der Sonne glänzenden Drüsenhaaren. Sie haben die Aufgabe, Insekten einzufangen, die der Pflanze als ergänzende Kost zugeführt werden.

Der **Große Heufalter,** dessen Raupe hauptsächlich an Wollgras lebt, bewohnt Sumpf- und Moorflächen. Seine Flügel weisen kleine weiße Flecken mit schwarz-weißen Mittelpunkten auf.

Die **Kleeseide** ist eine Schmarotzerpflanze, deren Stengel Blüten, aber keine Blätter oder Wurzeln besitzen. Sie windet sich um andere Pflanzen wie das Heidekraut, denen sie mit ihren Saugorganen Nährstoffe entzieht.

An der Flußmündung

Wo der Fluß ins Meer mündet, treffen Salzwasser und Süßwasser aufeinander und bilden oft verschiedene Wasserschichten. Die obere Schicht besteht aus dem Süßwasser des Flusses, die untere aus Meerwasser, und zwischen diesen beiden Schichten liegt eine veränderliche Mischzone. Zu den Tieren, die diese Wechsel vertragen können, gehören der Köderwurm und die Strandkrabbe. Auch der Aal und der Lachs sind in der Lage, die verschiedenen Bereiche auf ihren Wanderungen zu durchschwimmen. Von den Pflanzen können außer Algen der Strandflieder und der Queller in Salzwasser gedeihen. Manche Flüsse führen viel Schlamm mit sich, der im Mündungsbereich zu Boden sinkt und sowohl die Mündung als auch die Küstenlinie weiter ins Meer hinausverlagert. Wo einmal Meer war, ist heute festes Land.

Die **Strandkrabbe** ist an sandigen Küsten ein vertrauter Anblick. Auch in Fluttümpeln kann man ihr begegnen. Das Weibchen trägt die Eier so lange unter ihrem Körper, bis die Larven ausschlüpfen.

Der **Strandflieder,** der besonders an der Nordsee häufig vorkommt, läßt weite Salzwiesen blauviolett erscheinen. Er trägt dazu bei, vom Fluß angeschwemmten Schlamm zu binden.

Herzmuschel

Köderwurm

Der **Köderwurm** oder Sandpierwurm und die **Herzmuschel** leben beide in sandigen Böden. Der Köderwurm gräbt sich eine U-förmige Röhre, und die Herzmuschel bohrt sich mit ihrem muskulösen Fuß in den Boden.

Der **Austernfischer** ist ein Watvogel, der in flachen Mulden in Strandnähe brütet. Er holt sich mit seinem langen, roten Schnabel Nahrung aus dem Boden und kann Muscheln von Steinen herunterschlagen.

Die **Rohrweihe** streicht bei der Jagd dicht über dem Boden dahin. Das Weibchen kann in Rückenlage fliegen und dem Männchen dabei mit den Füßen einen Fang abnehmen. Ihr Nest steht in Rohrdickichten.

Der **Gemeine Seehund** sucht im Hochsommer die Sandbänke vor der Küste auf, um seine Jungen zur Welt zu bringen, die schon bald ihr helles Kleid verlieren und grau werden.

Der **Queller,** auch Glasschmalz oder Salzhornkraut genannt, gehört zu den wenigen Blütenpflanzen, die in Salzwasser leben können. Seine dicken, fleischigen Stengel dienen als Wasserspeicher. Der Queller festigt die Schlickböden der Flußmündungen.

Auf der Sanddüne und am Kiesstrand

An einem heißen Sommertag kann eine Sanddüne an die Wüste erinnern. Ein Kiesstrand wirkt oft sogar noch verlassener. Trotzdem sind viele Pflanzen in der Lage, an diesen Orten zu wachsen. Sie alle haben ihr eigenes Verfahren, um an Wasser heranzugelangen und es zu speichern. Einige von ihnen bilden tiefe Wurzeln aus, die den Sand oder den Kies durchdringen; andere schützen sich durch lederartige, schmale, eingerollte oder behaarte Blätter vor zu großer Wasserverdunstung. Und bisweilen werden die Pflanzen vor Sonnenaufgang auch vom Tau befeuchtet.

Die **Kreuzkröte** ist leicht an dem gelben Längsstreifen auf ihrer Rückenmitte zu erkennen. Sie ist ein ausgezeichneter Läufer und im Gegensatz zu den meisten Kröten auch am Tage unterwegs, um Kleintiere wie den **Sandlaufkäfer** zu erjagen.

Der **Strandhafer** ist eine wichtige Dünenpflanze, da sein kriechender Wurzelstock den Boden festigt und verhindert, daß der Sand vom Wind davongetragen werden kann.

Die Stengel der Bibernell- oder **Dünenrose** sind dicht mit Stacheln besetzt. Die weißen Blüten entwickeln sich im Herbst zu schwärzlichen Hagebutten.

Die **Kriechende Hauhechel,** ein Schmetterlingsblütler, trägt rosa Blüten an stark behaarten Stengeln. Ihre tiefreichenden Wurzeln festigen den Sandboden.

Der **Gelbe Hornmohn** ist eine typische Strandpflanze. Seine Früchte sind lange Kapseln, die an Hörner erinnern.

Die **Strandplatterbse,** die auf kiesigen Stränden wächst, blüht den ganzen Sommer lang. Ihre Blätter setzen sich aus mehreren eiförmigen Blättchen zusammen.

Der Halsband- oder **Sandregenpfeifer** brütet auf dem Boden steiniger Strände, wo seine Eier und Jungen kaum zu erkennen sind. Um Feinde fortzulocken, entfernt er sich vom Nest und stellt sich dann flügellahm.

Die **Zauneidechse** sucht mit Vorliebe sonnige Plätze auf. Ihr brauner Rücken trägt schwärzliche Flecke mit weißen Mittelpunkten. Das Männchen färbt sich im Frühjahr und Sommer grün.

Am Fluttümpel

Wie kommen Tiere im Fluttümpel einer felsigen Küste mit dem ständigen Auf und Ab in ihrer Umgebung zurecht? Bei Flut werden sie von den Wellen gebeutelt, und wenn das Wasser fällt, sitzen sie auf dem Trockenen. Einige von ihnen, die Napfschnecken und die Miesmuscheln zum Beispiel, heften sich am Felsen fest, um nicht fortgespült zu werden. Ihre Gehäuse und ihre Schalen sorgen dafür, daß sie bei Niedrigwasser nicht von der heißen Sonne ausgetrocknet werden. Andere Tiere wie die Krabbe und der Grüne Schleimfisch verbergen sich zwischen Felsen oder Algen.

Der **Einsiedlerkrebs** bewohnt leere Schneckengehäuse, um seinen weichen Hinterleib zu schützen. Während seines Wachstums muß er von Zeit zu Zeit in größere Gehäuse umziehen.

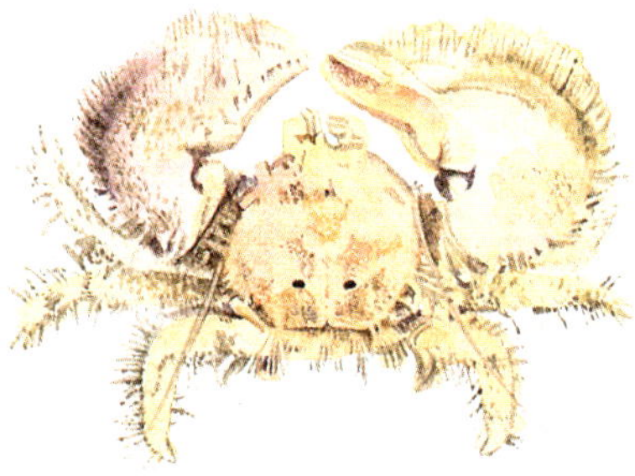

Der **Graue Porzellankrebs** besitzt behaarte Beine und trägt am ersten Beinpaar breite Scheren. Er hält sich unter den Steinen der mittleren und der unteren Uferzone auf.

Zwischen den Schalen der **Miesmuschel** liegen zwei Öffnungen; in die eine strömt das Wasser ein, durch die andere hinaus. So wird die Muschel mit Nahrung versorgt.

Die **Seepocke** sitzt mit ihrem Gehäuse an Steinen fest. Bei Flut filtert sie sich mit ihren Beinen kleine Nahrungsteilchen aus dem Wasser.

Der weiche Körper einer **Qualle** treibt im Meer und kann gelegentlich in einem Fluttümpel festgehalten werden. Die Fangarme sind mit Nesselkapseln versehen; sie brennen auf der Haut, wenn man sie berührt.

Die **Seedahlie** oder Dickhörnige Seerose ist wie alle Seerosen ein Tier. Sie sitzt an Felsen fest und wartet darauf, daß kleine Fische und Garnelen ihres Weges kommen. Ihre Fangarme tragen wie die der Qualle Nesselkapseln.

Die **Nordische Purpurschnecke,** eine häufige Meeresschnecke mit gewundenem Gehäuse, kann mit ihrer langen Reibezunge Muscheln und Seepocken aufraspeln und ausfressen. Der Saft ihrer Purpurdrüse wurde früher zur Tuchfärbung verwendet.

Die **Bunte Kreiselschnecke** ist in Fluttümpeln recht häufig anzutreffen. Es gibt auch andere Kreiselschnecken, die abweichende Farben aufweisen.

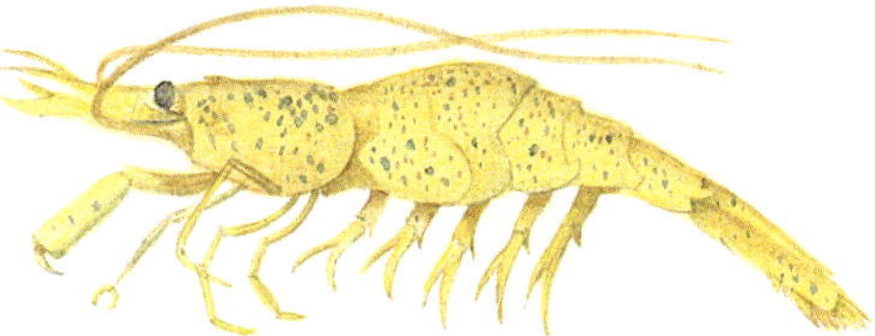

Eine **Garnele** sieht im Meer fast durchsichtig aus, kann ihre Farbe zur Tarnung aber dem Sand anpassen oder sich vergraben. Ihr erstes Beinpaar trägt Scheren für den Nahrungsfang.

Fingertang, eine lange Braunalge, wird durch das Wasser manchmal vom Gestein eines Fluttümpels heruntergerissen und bei Ebbe auf den unteren Strandabschnitt gespült.

Der allgemein bekannte **Blasentang** wird durch luftgefüllte Blasen aufrecht gehalten. Er sitzt mit einer Haftscheibe am Gestein fest.

Meersalat ist eine Grünalge, die an Salatblätter erinnert. Besonders gut gedeiht sie dort, wo das Süßwasser eines Flusses ins Meer eintritt.

Wie man die Bewohner eines Fluttümpels kennenlernt

Bei Niedrigwasser sieht manches leblos aus, was bei Hochwasser in Bewegung kommt.

Eine runde Vertiefung kann vom Gehäuse einer Napfschnecke stammen. Wenn die Schnecke gefressen hat, kehrt sie an diese Stelle zurück.

Beobachte einen Seestern beim Öffnen einer Muschel. Er benutzt dazu die Saugfüße auf der Unterseite seiner Arme.

Habe nach den Spuren gesucht, die algen-fressende Napfschnecken hinterlassen. Sah auf einem Stein eine runde Vertiefung, in der eine Napfschnecke hätte sitzen müssen. Ist vielleicht von einem Seevogel gefressen worden.

Hob einen Seestern auf, um die Saugfüßchen

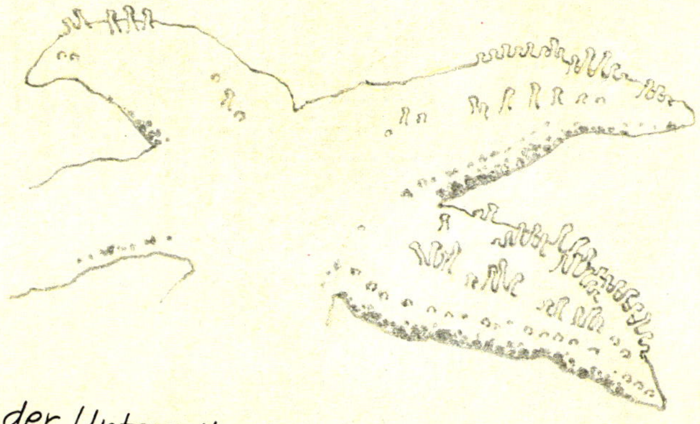

an der Unterseite seiner Arme zu betrachten. Schaute zu, wie er eine Miesmuschel aufbrach. Machte von allen Tieren, die ich sah, Zeichnungen und Notizen für mein Beobachtungsheft.

Drehe ihn vorsichtig um, damit du seine Saugfüße betrachten kannst – möglichst mit Hilfe einer Lupe –, und lege ihn wieder auf die richtige Seite zurück.

Der **Grüne Schleimfisch** lebt in Fluttümpeln an der britischen und norwegischen Nordseeküste sowie an der europäischen Atlantikküste. Das Männchen bewacht die Eier, die an der Unterseite eines Steines abgelegt werden.

Wenn die **Gemeine Napfschnecke** mit Wasser bedeckt ist, kriecht sie langsam über das Gestein, um den dünnen Algenbewuchs abzuweiden. Bevor die Ebbe einsetzt, kehrt sie an ihren Ausgangsplatz zurück.

Der **Eßbare Seeigel** ist ein kugelförmiger, armloser Verwandter des Seesterns. Sein gesamter Körper ist mit Stacheln bedeckt.

Der **Gemeine Seestern** trägt an den Unterseiten seiner Arme zahlreiche Saugfüßchen, die es ihm ermöglichen, über den Felsboden zu kriechen und die Schalen einer Muschel zu öffnen.

Wanderung durch den Herbst

Die Blätter werden golden oder gelb, an den Bäumen reifen die Früchte, und im Wald schießen die Pilze aus dem Boden. Die Eichhörnchen vergraben emsig Nüsse und Eicheln, und die Haselmaus richtet ihr Nest für einen langen Winterschlaf. Dies alles zeigt, daß es Herbst geworden ist. Die Natur hat ihre Früchte hervorgebracht, die den Tieren während der kalten Wintermonate willkommene Nahrung bieten.

Im Garten hat der Igel vielleicht schon einen Ort für seinen Winterschlaf gefunden. Auch die zuletzt geschlüpften Wespenköniginnen überwintern, während das gesamte übrige Volk zugrunde geht. Im Bienenstock hingegen geht das Leben weiter, denn die fleißigen Bienen haben einen Honigvorrat zusammengetragen, von dem sie in Herbst und Winter zehren können.

Auf dem Feld ist das Getreide geerntet worden und wird zu Brot und anderen Backwaren verarbeitet. Für die Tiere hält die Natur wilde Beeren, Nüsse und Eicheln bereit. In diesen Wochen lassen sich Saatkrähen, Stare, Bachstelzen und Kiebitze auf den Feldern nieder,

um beiseite gefallene Körner aufzupikken oder nach Würmern und Insektenlarven zu suchen.

Im Wald gibt es viele verschiedene Pilzarten zu betrachten – aber nicht zu essen! Alle Früchte und Pilze des Waldes können giftig sein und dürfen keinesfalls „probiert“ werden. Mit ihren hübschen Farben und Formen bieten sich die Pilze jedoch zum Malen oder Fotografieren an.

Der Herbst ist auch die Paarungs- oder Brunftzeit des Rothirschs, unseres größten Wilds. Die Hirsche fordern sich gegenseitig zum Kampf um die Hirschkühe heraus, und ihr Röhren sowie das Aufeinanderschlagen ihrer Geweihe sind in den Wäldern und Bergen weithin zu hören. Die Sieger beanspruchen die Hirschkühe für sich und schirmen sie von den anderen Hirschen ab.

Am Strand treffen allmählich die Watvögel, Gänse und Enten ein, die im Norden gebrütet haben und bei uns überwintern. Zur gleichen Zeit ziehen unsere Sommergäste wie die Singvögel, der Kuckuck, die Nachtigall und die Schwalbe wieder nach Afrika, um erst im nächsten Jahr zu uns zurückzukehren. Nicht viele Jungtiere erblicken im Herbst das Licht der Welt, zu diesen wenigen aber zählt die Kegelrobbe, die nun an einem felsigen Strand oder in einer Höhle geboren wird.

Im Garten

Die meisten Gartenblumen blühen im Sommer, einige aber – die Neubelgische Aster zum Beispiel – bringen ihre Blüten erst zum Herbst hervor und werden von Bienen, Schwebfliegen und spät fliegenden Schmetterlingen besucht. Die reifen Früchte der Apfel- und Birnbäume locken Wespen herbei, und die Kreuzspinne wartet darauf, daß ihr eine unvorsichtige Fliege ins Netz geht. Jetzt ist es an der Zeit, Laub zu harken. Wenn es auf einen Komposthaufen gebracht wird, könnte es einem Igel Unterschlupf für seinen Winterschlaf gewähren.

Die **Rotdrossel** brütet in Nordeuropa und zeigt sich bei uns auf dem Weg zu ihrem Winterquartier in Südeuropa. Sie ist an den rötlichen Flecken unter ihren Flügeln zu erkennen.

Der **Kleine Fuchs,** ein häufiger Gast in europäischen Gärten, schlüpft im zeitigen Herbst aus seiner Puppe. Er besucht Blumen und läßt sich auch auf verfaultem Obst nieder.

Die **Schwebfliege** kann leicht mit einer Biene oder Wespe verwechselt werden, deren Farbe und Form sie nachahmt. Sie schwebt an einer Stelle in der Luft und kann sich wie ein Hubschrauber in alle Richtungen bewegen.

Die **Wespenarbeiterin,** die sich jetzt nach einer letzten Mahlzeit umschaut, kann sowohl im Haus als auch im Freien, wo sie über das Obst herfällt, eine rechte Plage sein. Bis auf die Königin gehen die Wespen bald zugrunde.

Das Netz der **Kreuzspinne** ist so schön gebaut, daß man es genauer betrachten sollte, besonders, wenn frische Tautropfen in ihm hängen. Die Kunst des Netzbaus ist der Spinne angeboren.

Die **Mistel** kann man häufig in Adventsgestecken finden. Sie ist eine Schmarotzerpflanze, die ihre Saugwurzeln in Pappeln, Apfel- und andere Bäume senkt.

Die **Neubelgische Aster** ist eine bekannte Gartenpflanze mit schmalen, spitzen Blättern. Ihre im Spätsommer und Herbst erscheinenden Blüten locken Schmetterlinge an.

Der **Nelkenschwindling** ist ein kleiner, eßbarer Pilz, der auf dem Gartenrasen oft in Reihen oder Kreisen – den sogenannten Hexenringen – wächst.

Im Park

Wer das Vogelleben studieren möchte, wird im Park – besonders wenn auch ein See dabei ist – gewiß nicht enttäuscht werden. Die Vögel leben hier, weil sie hier sicher sind und außerdem von den Spaziergängern gefüttert werden. Einige von ihnen brüten in den Bäumen und Sträuchern, andere am Wasser. In dieser Jahreszeit läßt sich vielleicht auch einmal ein ungewöhnlicher Durchzügler blicken, der eine Rast auf dem Weg in eine andere Klimazone einlegt. Gelegentlich kommt es auch vor, daß ein Seevogel – eine Möwe oder eine fremde Ente – auftaucht.

Die prächtige **Mandarinente** ist kein einheimischer Vogel, sondern wurde von Züchtern aus China bei uns eingeführt. Inzwischen kann man sie von Zeit zu Zeit als gänzlich wildlebendes Tier auf unseren Parkteichen antreffen.

Die **Lachmöwe** lebt nicht nur an der Küste, sondern auch an sumpfigen Seen und sogar in Großstädten. Sie trägt im Winter keine dunkle Gesichtsmaske, ist dann aber an ihrem roten Schnabel und den roten Füßen zu erkennen.

Der **Zwergtaucher** verbirgt sich, indem er nur den Schnabel und einen Teil des Kopfes über Wasser hält. Er baut ein schwimmendes Nest und geht nie auf Nahrungssuche, ohne vorher seine Eier abzudecken.

Der **Höckerschwan** verdankt seinen Namen dem schwarzen Höcker an seiner Schnabelwurzel. Auf dem Lande bewegt er sich recht schwerfällig, im Wasser aber wirkt er mit seinem geschwungenen Hals sehr anmutig.

Die gesellige **Dohle** brütet oft in Kolonien. Am liebsten baut sie ihr Nest in alten Gebäuden oder Ruinen, sie benutzt aber auch Baumhöhlen und Nistkästen im Park. Ihr Ruf ist ein helles „kjak“.

Die **Elster,** ein berüchtigter Nestplünderer, bewohnt gewöhnlich offenes Gelände, kommt aber immer häufiger in städtische Parks. Sie ist an ihrem schwarz-weißen Gefieder und dem langen Schwanz leicht zu erkennen.

Der **Star** ist ein weit verbreiteter Vogel, der die seltsame Angewohnheit hat, am Abend in die Städte zu kommen und auf Gebäuden zu übernachten. Wo er sehr zahlreich auftritt, kann er zur Plage werden, besonders in Obstbaugebieten.

Auf den Feldern

Viele Jahrtausende lang streiften unsere Vorfahren in der Steinzeit ohne feste Bleibe umher, um wilde Tiere zu jagen und Nüsse, Obst und Beeren zu sammeln. Angebaut wurde nichts. Doch dann entdeckten sie, daß es möglich war, Samen auszusäen und dadurch wieder Samen und Früchte zu gewinnen, die als Nahrung für den Winter geerntet werden konnten. So begann der Ackerbau. Man hat im Boden vergrabene Spuren dieses frühzeitlichen Getreides gefunden und festgestellt, daß die wichtigsten Getreidesorten unserer Tage von den Wildgräsern unserer Vorfahren abstammen.

Der **Steinkauz** hat furchterregende gelbe Augen. Oft sitzt er schon am Tage auf einem Torfposten und wartet darauf, daß eine Maus zum Vorschein kommt. Wenn er beunruhigt ist, knickst er mit den Beinen.

Der **Kiebitz,** ein taumelnd fliegender Regenpfeifervogel, ist nach seinem Ruf „kiwitt" benannt worden. Im Herbst kann man auf den gepflügten Feldern Kiebitzschwärme sehen, die dort nach Würmern und Insekten suchen.

Die **Bachstelze** liest oft Insekten von den Feldern auf, fängt sie aber auch im Fluge. Wie alle Stelzen besitzt sie einen langen Schwanz, der beim Laufen auf und ab wippt. Sie ist an ihrer schwarz-weißen Zeichnung gut zu erkennen.

Weizen ist ein wichtiges Getreide, das zum Backen verwendet wird. Seine Körner wachsen in einer langen Ähre und sind von Spelzen umschlossen, die manchmal Borsten – sogenannte Grannen – tragen. Beim Dreschen werden Spelzen und Grannen als Spreu entfernt.

Das Korn der **Gerste** ist in eine Spelze gehüllt, die eine Granne mit vielen Widerhäkchen trägt. Gerste wird in manchen Gegenden als Brotgetreide, häufiger jedoch als Futtergetreide angebaut.

Der **Hafer** bringt seine Körner nicht in einer Ähre, sondern in einer Rispe hervor. Sie dienen hauptsächlich als Pferdefutter, werden aber auch zu Hafermehl zermahlen. Das Stroh – die getrockneten Halme – wird im allgemeinen als Stallstreu verwendet.

Roggen ähnelt der Gerste, hat aber kürzere Grannen. Er wird vor allem in Nord- und Mitteleuropa – oft auf kargen Böden – angebaut und zu Schwarz- und Knäckebrot verarbeitet. Roggen trat bei uns zunächst als Unkraut im Weizenfeld auf.

An der Hecke

Bei einem Spaziergang entlang einer herbstlichen Hecke kann man überall wildwachsende Früchte entdecken. Mit diesen Vorräten hilft die Natur den Vögeln und Mäusen über den langen Winter hinweg. Manche Tiere tragen dazu bei, die Früchte zu verbreiten. Die Mäuse zum Beispiel horten Nüsse, und die Eichhörnchen und Eichelhäher verscharren Eicheln. Werden diese Früchte vergessen, so wachsen sie zu neuen Pflanzen heran. Ein Vogel, der eine Hagebutte gefressen hat, scheidet die Samen unverdaut wieder aus, so daß neue Rosen aus ihnen entstehen können. Hecken sind für den Bauern sehr wichtig, weil sie den Wind brechen.

Das **Hermelin** oder Große Wiesel ähnelt dem Maus- oder Kleinen Wiesel, besitzt jedoch eine schwarze Schwanzspitze. Bei uns legt das Hermelin im Winter stets ein weißes Winterkleid an.

Der **Rothirsch** ist im allgemeinen scheu und selten zu sehen. Er zieht abends aufs Feld hinaus, um Feldfrüchte zu fressen und kann dabei großen Schaden anrichten. Im Herbst kämpfen die Hirsche um die weiblichen Tiere.

Die kleine **Haselmaus** besitzt einen rötlichen Pelz und einen behaarten Schwanz. Wie der Gartenschläfer gehört sie zu den Schlafmäusen. Sie geht nachts auf Nahrungssuche, baut ihr Nest in Haseldickichten und hält einen Winterschlaf.

Der **Bittersüße Nachtschatten,** eine Kletterpflanze, ist ein Verwandter der Kartoffel und der Tomate. Seine giftigen, eiförmigen Beeren sind zunächst grün, dann gelb und schließlich rot. Sie haben anfangs einen bitteren und später einen süßlichen Geschmack.

Die **Weiße Waldrebe,** ein hoher Kletterstrauch, ist leicht zu erkennen. Ihre angenehm duftenden, grünlichen Blüten entwickeln sich zu federartig behaarten Früchten, die wie weiße Wollknäuel wirken.

Die **Rotbeerige Zaunrübe** zieht sich mit langen Wickelranken an der Hecke empor. Ihre männlichen und weiblichen Blüten sind auf verschiedene Pflanzen verteilt. Die Blüten der weiblichen Pflanze bringen giftige rote Beeren hervor.

Wie man einen Baum pflanzt
Du kannst dir aus einer Haselnuß oder einer ähnlichen Frucht einen eigenen Baum ziehen. Bedecke das Abzugsloch eines kleinen Topfes mit Steinchen, mische etwas Sand unter die Blumenerde und fülle den Topf fast bis zum Rand.

Setze die Nuß hinein und bedecke sie mit Erde. Vergiß nicht, sie von Zeit zu Zeit zu begießen, damit sie nicht austrocknet.

Im nächsten Frühjahr sollte ein winziges Bäumchen erscheinen. Du kannst seinen Wachstumsverlauf in dein Beobachtungsheft eintragen.

Der Wild- oder **Holzapfel** könnte wohl der Stammvater unserer Kulturäpfel sein. Seine Früchte haben einen bitteren Geschmack.

Der **Weißdorn** verleiht der herbstlichen Hecke mit seinen roten Früchten, den „Mehlfäßchen", kräftige Farbtupfer. Mit manchen Früchten legen die Bauern neue Hecken an, und viele werden von Vögeln verbreitet.

Die Früchte des **Schlehdorns,** die Schlehen, sehen wie kleine Pflaumen aus; sie schmecken jedoch sehr bitter.

Die Nüsse der **Hasel** sind eine Lieblingsspeise der Haselmäuse, die leere Schalen mit Löchern hinterlassen, wenn sie den Inhalt verzehrt haben.

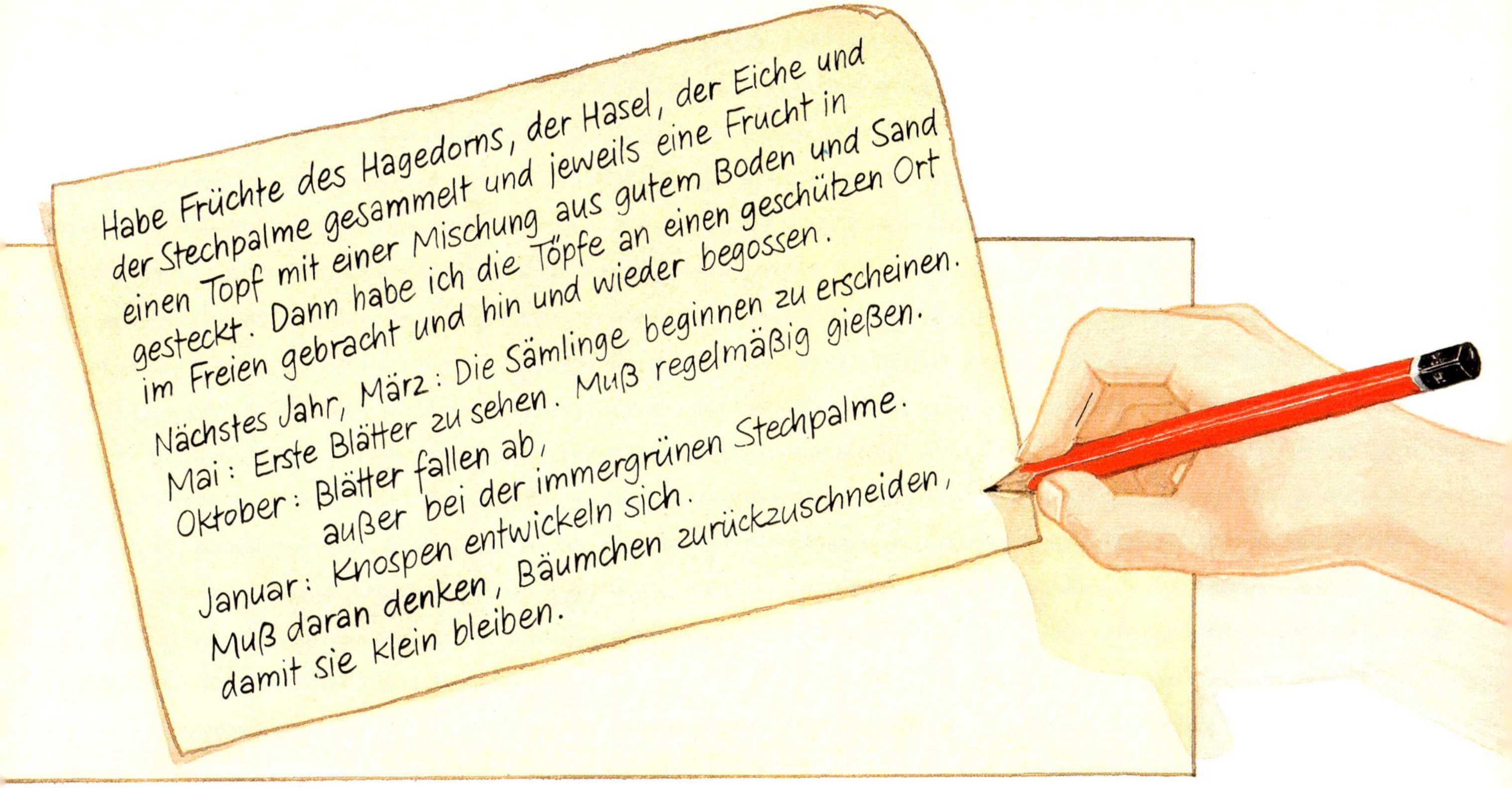

Der **Schwarze Holunder** ist in Hecken sehr verbreitet. Die Vögel schätzen die beerenartigen schwarzen Früchte ebenso wie die Menschen, die Saft und Gelee aus ihnen bereiten.

Stechpalmen sind entweder männlich oder weiblich. Die leuchtendroten, beerenartigen Früchte wachsen nur an den weiblichen Pflanzen.

Die **Hundsrose** bringt die roten Hagebutten hervor, die in herbstlichen Hecken so häufig zu finden sind. Sie werden sowohl von Vögeln als auch von Mäusen gefressen.

Die Früchte der **Brombeere** schmecken den Vögeln und einigen Insekten ebenso wie dem Menschen, der auch Saft und Marmelade aus ihnen bereitet.

Im Laubwald

Im Laubwald gibt es nicht weniger Früchte als in einer Hecke. Diese Früchte enthalten Samen, die manchmal zu neuen Bäumen heranwachsen. Während ein Teil von ihnen direkt auf den Boden fällt, ist ein anderer mit „Flügeln" ausgerüstet und wird vom Wind weiter fortgetragen. Die Früchte können gesammelt und an geeigneten Orten ausgepflanzt werden. Während die Blumen inzwischen abgestorben sind, schießen nun die Pilze aus dem Boden. Diese Pilze sind die „Früchte" der unterirdischen Pilzpflanzen, die sich von Lauberde, vermoderten Bäumen und dergleichen ernähren. Pilze bringen keine Samen, sondern unzählige winzige Sporen hervor.

Die Frucht der **Roßkastanie** ist eine grüne, stachelige Kapsel. Beim Aufprall auf dem Boden öffnet sie sich und läßt ein bis drei braune Samen – die bekannten, ungenießbaren Kastanien – zum Vorschein kommen.

Die Früchte der **Rotbuche,** die dreikantigen Bucheckern, wachsen in borstigen Fruchtbechern heran. Sie werden von Finken und Mäusen sehr gerne gefressen.

Wenn die Frucht des **Bergahorns** reif ist, zerfällt sie in zwei Teilfrüchte. Beide sind mit einem propellerartigen Flügel versehen und können dadurch vom Wind fortgetragen werden.

Die Frucht der Hain- oder **Weißbuche** ist ein Nüßchen mit einem dreilappigen Flügel. Das Nüßchen ist zunächst grün, färbt sich später aber braun.

Die Früchte der **Esche** hängen in Büscheln von den Zweigen herab. Sie besitzen lange Flügel und werden vom Wind fortgetragen.

Die Frucht der **Ulme** ist ein Nüßchen, das von einem breiten Flügel umgeben ist. Es erscheint mancherorts schon im Mai, entwickelt sich also früher als die Früchte der meisten anderen Bäume.

Die Frucht der **Eiche,** die jedermann bekannte Eichel, wird oft von Eichhörnchen gefressen oder vergraben. Sobald sie reif ist, fällt sie aus ihrem Fruchtbecher heraus.

Die weiblichen Kätzchen der **Erle** entwickeln sich zu kleinen grünen Fruchtzapfen, die später braun werden und winzige geflügelte Früchte hervorbringen.

Die Fruchtstände der **Linde** setzen sich aus rundlichen Nüßchen zusammen. Sie sind mit einem Tragblatt versehen, das sie durch die Luft wirbeln läßt.

Die **Waldschnepfe,** ein im Wald lebender Vogel, trägt ein Tarnkleid, das der Farbe des Fallaubs angepaßt ist. In der Nacht hält sie auf feuchten Böden nach Insekten Ausschau.

Der **Erdstern** besitzt eine äußere Schale, die aufplatzt und sich in sternförmigen Lappen rückwärts biegt. Schon ein Regentropfen genügt, um ihn Wolken von Sporenstaub ausstoßen zu lassen. Er ist ungenießbar.

Der **Fliegenpilz** sieht schön aus, ist aber giftig. Er wächst gewöhnlich unter Birken und zwischen Adlerfarn. Auf der Unterseite seines Huts sitzen zahlreiche sogenannte Blätter oder Lamellen.

Der **Grünspecht** ist ein guter Kletterer, hält sich jedoch viel auf dem Boden auf, weil er sehr gerne Ameisen frißt. Seine Stimme erinnert an ein helles Lachen.

Die **Runzelige Keule** gedeiht auf Waldwiesen und -wegen. Sie ist kein Giftpilz, hat jedoch einen unangenehmen Geschmack.

Der **Steinpilz** trägt auf der Unterseite seines Huts viele feine Röhren, die Sporen enthalten. Er ist ein schmackhafter Speisepilz.

Wie man Sporenabdrücke erhält

Alle Pilzpflanzen bringen Millionen von winzigen Sporen hervor, die vom Wind fortgetragen werden und zu neuen Pilzen heranwachsen, wenn sie auf geeigneten Boden fallen. Bei Lamellenpilzen kannst du einen Abdruck dieser Sporen gewinnen.

Suche dir ein oder zwei junge Pilze mit Lamellen auf der Hutunterseite oder kaufe einen Zuchtchampignon und schneide den Stiel dicht am Hut ab.

Lege den Hut mit den Lamellen nach unten auf ein Blatt Papier (weiße Lamellen auf dunkles Papier und farbige Lamellen auf weißes Papier). Stülpe eine Schüssel darüber, damit die Sporen nicht von einem Luftzug erfaßt werden.

Am nächsten Tag kannst du die Schüssel entfernen und den Hut hochnehmen. Wo die Sporen herausgefallen sind, müßte jetzt ein Abdruck der Lamellen zu sehen sein.

Der **Birkenporling** ist ein ungenießbarer Pilz, der an Baumstümpfen wächst. Besonders häufig ist er an faulenden Birken anzutreffen.

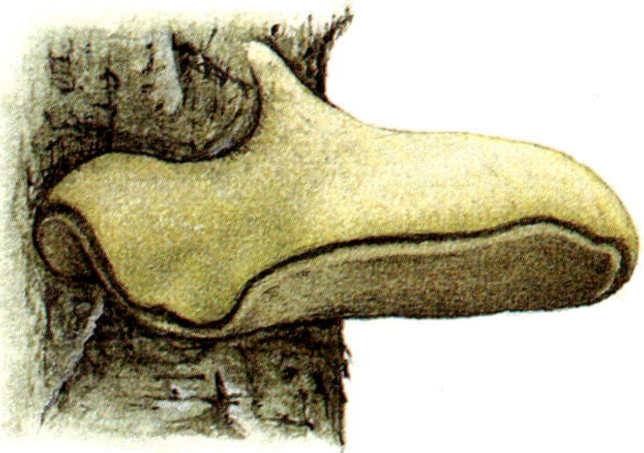

Der **Zinnoberrote Kelchbecherling** wächst auf dem Boden und auf totem Holz. Manchmal befällt er Zäune und andere Holzgegenstände, die sich im Freien befinden. Er sollte nicht gegessen werden.

Die **Stinkmorchel** verströmt einen ekelerregenden Geruch, der Fliegen anlockt. Beim Herumkriechen auf dem schleimigen Hut bleiben an den Beinen der Fliegen Sporen kleben, die dadurch verbreitet werden. Stinkmorcheln sind ungenießbar.

Im Nadelwald

Der etwa krähengroße **Schwarzspecht** ist der größte Specht Europas. Seine lauten Rufe und Trommelwirbel sind besonders im Frühjahr zu hören. Gewöhnlich hackt er eine Bruthöhle in einen Nadelbaum.

Ein Laubwald beginnt im Herbst seine Blätter abzuwerfen und kahl auszusehen, die meisten Nadelwälder aber bleiben sich das ganze Jahr über gleich. Ihre Bäume behalten ihre Nadeln und gewähren auch weiterhin Schutz und Deckung. Manche Vögel und andere Tiere machen sich die Vorzüge eines solchen Lebensraums zunutze. Der Kreuzschnabel frißt Kiefernsamen, und die Totengräber beerdigen tote Tiere. Viele Pilze wachsen auch unter Nadelbäumen, man muß sich jedoch vor ihnen in acht nehmen: Einige verursachen schwere und sogar tödliche Vergiftungen.

Der **Elch** ist der größte Hirsch der Erde. Er bewohnt sumpfige Wälder in Skandinavien und Osteuropa, ist im Winter aber auch in höher gelegenen, trockeneren Gebieten anzutreffen und an seinem tiefen Brüllen zu erkennen.

Der **Kreuzschnabel** besitzt gekreuzte Schnabelhälften, mit denen er die Zapfen der Nadelbäume öffnen und die Samen herausholen kann. Die am Boden liegenden, leergefressenen Zapfen sind unverkennbar.

Der **Birkenzeisig,** ein Finkenvogel, hat eine rote Stirn und einen schwarzen Kehlfleck. Im Winter kann man ihn auf der Suche nach den Früchten der Erle, der Weide und natürlich besonders der Birke sehen.

Das **Goldhähnchen,** der kleinste Singvogel Mitteleuropas, trägt einen goldgelben Streifen auf seinem Scheitel. Es baut sein Nest wie eine Hängematte unter die Zweige eines Nadelbaums.

Die ungebändigte **Wildkatze** ähnelt einer großen getigerten Hauskatze, besitzt aber einen buschigeren Schwanz mit schwarzen Querstreifen. Sie kommt in den Gebirgswäldern Europas heute wieder häufiger vor.

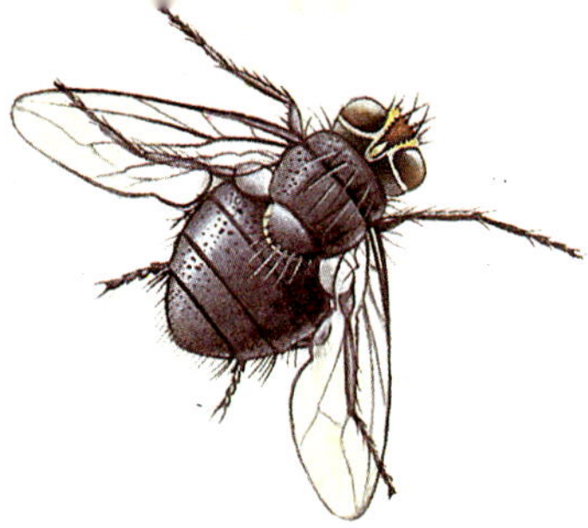

Die laut brummende **Schmeißfliege,** die ins Haus kommt, um ihre Eier an Fleischvorräten abzulegen, legt sie auch an toten Tieren ab. Die Larven, auch Maden genannt, sind nach 14 Tagen ausgewachsen und verpuppen sich dann.

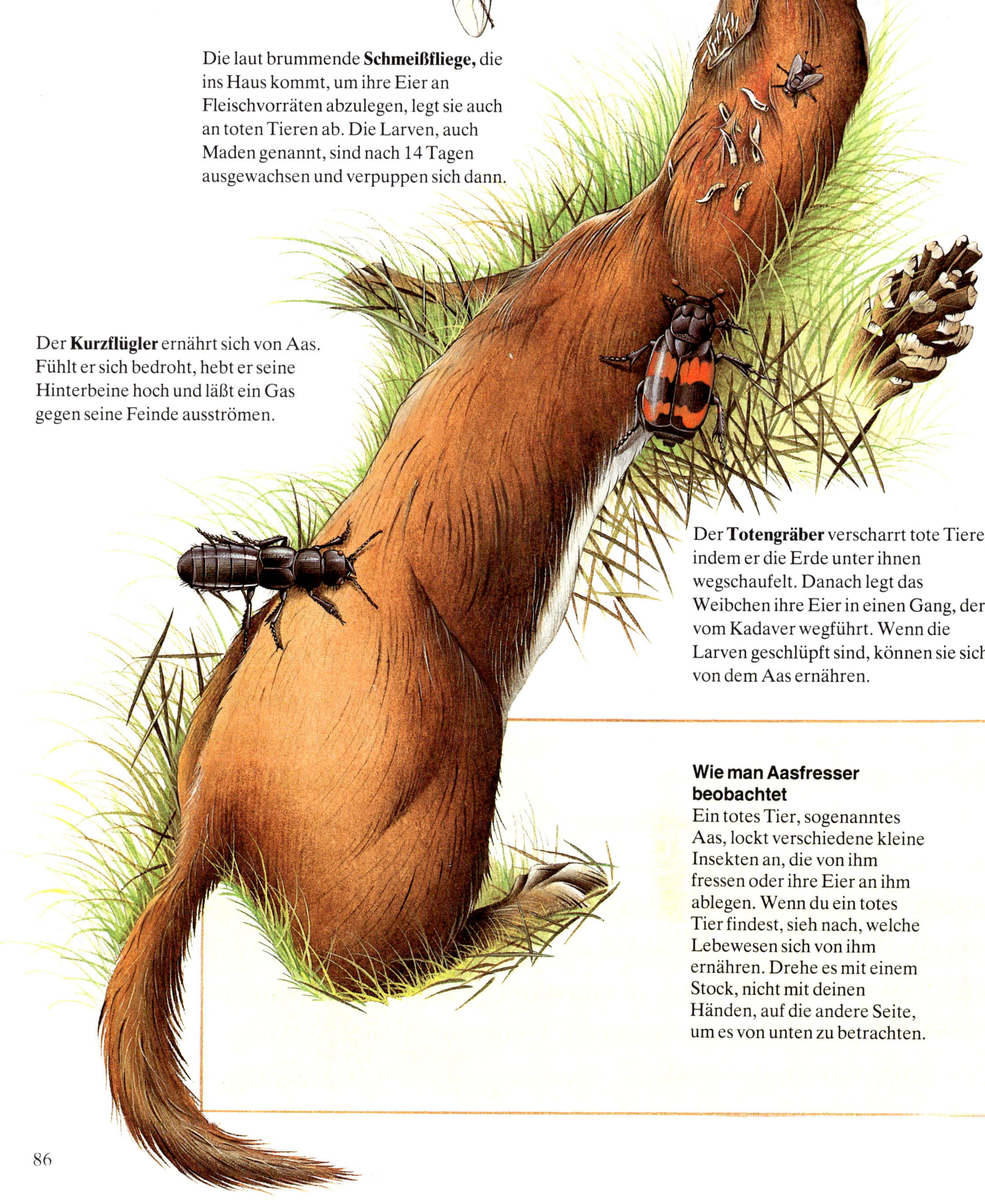

Der **Kurzflügler** ernährt sich von Aas. Fühlt er sich bedroht, hebt er seine Hinterbeine hoch und läßt ein Gas gegen seine Feinde ausströmen.

Der **Totengräber** verscharrt tote Tiere, indem er die Erde unter ihnen wegschaufelt. Danach legt das Weibchen ihre Eier in einen Gang, der vom Kadaver wegführt. Wenn die Larven geschlüpft sind, können sie sich von dem Aas ernähren.

Wie man Aasfresser beobachtet

Ein totes Tier, sogenanntes Aas, lockt verschiedene kleine Insekten an, die von ihm fressen oder ihre Eier an ihm ablegen. Wenn du ein totes Tier findest, sieh nach, welche Lebewesen sich von ihm ernähren. Drehe es mit einem Stock, nicht mit deinen Händen, auf die andere Seite, um es von unten zu betrachten.

Die **Goldfliege** wird bei warmem Wetter von Aasgeruch angelockt. Schon einen Tag, nachdem sie ihre Eier an dem Kadaver abgelegt hat, schlüpfen die Larven, die ein paar Tage von dem Aas fressen und sich dann verpuppen.

Der **Grüne Knollenblätterpilz** ist ein tödlicher Giftpilz mit weißen Lamellen, der sehr häufig auch unter Laubbäumen wächst und eine gefährliche Ähnlichkeit mit dem Champignon aufweist.

Der **Kirschrote Speitäubling** hat einen hellroten Hut und weiße Lamellen. Er ist ein Giftpilz, der an feuchten Stellen im Wald häufig zu finden ist.

Der **Hallimasch** ist ein Baumtöter und darum ein Feind des Försters. Wenn die Pilzbüschel aus der Borke herauswachsen, kann der Baum schon nicht mehr gerettet werden. Der Hallimasch ist nur gekocht eßbar.

Der **Edelreizker** hat einen orangeroten Hut und orangerote Lamellen. Wird er zerbrochen, so quillt eine karottenfarbene Milch hervor. Er ist eßbar, wenn er vorher gewaschen und gekocht wird.

Habe ein totes Mauswiesel gefunden. Eine Schmeißfliege flog auf. Entdeckte ihre Eier und einige bereits geschlüpfte Maden.

Eine Goldfliege kam, flog aber wieder fort, als ich mich bewegte. Berührte einen Kurzflügler mit meinem Stock. Erging in Abwehrstellung, indem er sein Hinterteil anhob.

Zwei Totengräber waren schon dabei, das Wiesel zu beerdigen.

Im Tal, am See

Im Laufe der Jahre hat der Mensch viele wildlebende Tiere getötet und einige Arten fast ausgerottet. Manche Tiere werden ihres Pelzes wegen verfolgt, andere, weil man meint, daß sie dem Nutzwild und dem Vieh Schaden zufügen. Inzwischen werden einige dieser Tiere geschützt. Man hat Gesetze erlassen, die es verbieten, sie zu jagen und zu töten. Verschiedene Tiere – der Luchs zum Beispiel – sind bei uns ausgestorben. Andere – wie der Biber – sind nur noch innerhalb eines kleinen Gebiets anzutreffen. Wenn ein Tier aus dem Ausland eingebürgert wird, kann es die Zahl der anderen Tiere sehr verändern.

Der **Luchs** gehört zur Familie der Katzen. Einst in ganz Europa verbreitet, lebt er heute überwiegend in den Gebirgen Norwegens und Schwedens. In geringer Zahl ist er vielleicht auch noch in Südeuropa zu finden.

Der **Biber** ist wegen seines Pelzes stark bejagt worden und lebt in Deutschland heute nur noch bei Magdeburg an der Elbe. Er ist an verschiedenen Stellen ausgesetzt worden. Biber errichten ihre Wohnburgen aus Baumstämmen, Zweigen und Steinen.

Die **Rabenkrähe** ist ein Allesfresser, der fast überall anzutreffen ist, selbst in der Großstadt. Im Gebirge ernährt dieser Vogel sich von Aas.

Der **Iltis,** ein Mitglied der Familie der Marder, trägt auf Kinn, Schnauze und am Ohr helle Flecke. Am Tage ruht er in seinem Bau, und bei Nacht jagt er kleine Säuger und Frösche. Die vom Menschen gezüchtete Form des Iltis ist das Frettchen.

Der **Europäische Nerz** ist in Westfrankreich und Osteuropa noch vertreten, im übrigen Europa aber ausgerottet. Im Gegensatz zum sehr ähnlichen Amerikanischen Nerz hat er ein weißes Kinn und eine weiße Oberlippe. Er ruht am Tage, jagt bei Nacht und ist ein ausgezeichneter Schwimmer.

Der **Amerikanische Nerz** stammt aus Amerika und wird in Europa seines Pelzes wegen in Farmen gezüchtet. In manchen Fällen ist es ihm gelungen auszubrechen; in einigen Ländern wie Schweden, Finnland und Norwegen ist er aber auch von vornherein in die freie Wildbahn ausgesetzt worden.

An der Flußmündung

Wenn der Winter kommt, kehren viele Enten, Gänse und Schwäne, die hoch im Norden gebrütet haben, zu uns zurück. Sie beginnen, sich in Schwärmen an den Küsten zu versammeln. Flußmündungen sagen ihnen besonders zu, weil bei Niedrigwasser viel schlammiger Boden freiliegt und sie im seichten Wasser nach Nahrung suchen können. Die Watvögel bohren nach Tieren, die sich im Schlamm verkrochen haben, und die Gänse äsen auf den Salzwiesen. Diese wildlebenden Gänse sind im Gegensatz zu ihren Verwandten auf den Parkseen der Großstädte menschenscheu.

Der Erpel der **Schellente,** die in Baumhöhlen an den Flüssen und Seen Nord- und zum Teil auch Mitteleuropas brütet, ist ein prächtiger, schwarz-weiß gefärbter Vogel. Manche Schellenten ziehen im Winter bis nach Italien.

Die **Trauerente,** ein Wintergast der Nord- und Ostsee, brütet im Sommer an den Moorseen Skandinaviens und Schottlands. Der Erpel ist schwarz und trägt einen Höcker auf dem Schnabel.

Die **Eisente** brütet in Nordeuropa und überwintert bei uns vor allem an der Ostseeküste Schleswig-Holsteins. Der Erpel zeichnet sich durch lange, spitze Schwanzfedern und einen dunklen Augenfleck aus.

Der Erpel der **Krickente,** der kleinsten Ente Europas, hat einen grünen Augenfleck. Krickenten sind während der Wintermonate in Scharen auf Seen, Stauseen und Küstengewässern zu beobachten.

Der Erpel des **Zwergsägers** trägt eine Haube auf dem Kopf und sieht aus der Entfernung fast weiß aus. Zwergsäger übersommern im Norden, wo sie gewöhnlich in der Nähe von Flüssen oder Seen in Baumhöhlen nisten.

Die **Bergente** ist ein hervorragender Taucher, selbst bei schwerem Seegang. Sie brütet in der Arktis an Land, lebt sonst aber auf den Küstengewässern. Der Erpel hat im Gegensatz zu anderen Enten einen hellgrauen Rücken.

Die **Eiderente** brütet vereinzelt auch an der deutschen Nordseeküste. Sie polstert ihr Nest mit Flaumfedern aus, die auch als Füllung für Bettdecken verwendet werden. Der Erpel besitzt als einzige Ente einen weißen Rücken.

Die **Spießente** übersommert meist in Nordeuropa, wo sie in den Sanddünen unweit der Meeresküste brütet. Der Erpel hat einen dunklen Kopf und spießartig verlängerte Schwanzfedern.

Der **Rotschenkel** ist ein recht häufiger Watvogel, der im Sommer in Sümpfen und Mooren nistet und an Flußmündungen überwintert. Er flötet ein wohlklingendes „djüdü".

Der **Grünschenkel** ähnelt dem Rotschenkel, ist jedoch gräulicher und hat grüne Beine. Da seine Brutgebiete in Nordeuropa und seine Winterquartiere in Afrika liegen, erscheint er bei uns nur als Durchzügler.

Der **Singschwan** hält im Gegensatz zum ebenso großen Höckerschwan seinen Hals beim Schwimmen kerzengerade. Während des Fluges stößt er laute, posaunenartige Rufe aus. Er trifft im Winter in Scharen an der Nord- und Ostsee ein.

Die **Kurzschnabelgans,** ein Wintergast an der Nordseeküste, hat einen dunklen Kopf und rosa Beine. Ihre Brutgebiete liegen hoch oben im Norden auf Grönland, Island und Spitzbergen.

Die **Graugans** ist die Stammutter der Hausgans. Sie brütet in Deutschland nur noch an dichtbewachsenen Seen und Sümpfen östlich der Elbe und zieht im Herbst nach Süden.

Wie man Schnäbel und Füße bestimmt

Vögel fliegen, nisten und fressen nur in bestimmten Lebensräumen. Du wirst ein Rotkehlchen im Garten, eine Gans im Teich und einen Watvogel am Strand antreffen. Wer Vögel beobachten will, muß sich gut verstecken und stillsitzen, damit er sie nicht verjagt. Vögel sind scheu und spüren Gefahren sofort. Ein Fernglas ist daher nützlich.

Wenn du einen Vogel beobachtest, achte auf die Form seiner Füße, die dir verrät, ob der Vogel läuft, sitzt oder schwimmt. Die Form des Schnabels sagt dir, wie der Vogel ihn beim Futtern verwendet. Am besten fertigst du rasche Skizzen der Vögel an und machst dir ein paar Notizen, damit du sie zu Hause mit Hilfe eines Buchs bestimmen kannst.

Watvögel:

Lange, schmale Schnäbel zum Herumstochern im Schlamm und im Sand.
Lange Beine zum Waten im flachen Wasser.

Enten und Schwäne:

Flache Schnäbel mit kammartigen Rändern, mit denen die Nahrung aus dem Wasser filtriert wird. Mit Schwimmhäuten verbundene Zehen.

Gänse:

Dreieckig geformte Schnäbel mit hartem Rand zum Grasausrupfen.
Mit Schwimmhäuten verbundene Zehen.

Taucher:

Stromlinienförmige Körper und mit Schwimmhäuten versehene Zehen zum Tauchen.
Scharfe Schnäbel zum Fischfang.

Stelzvögel:

Lange, scharfe Schnäbel zum Aufspießen von Fischen. Lange Beine zum Stehen im Wasser.

Greifvögel:

Scharfe Fußkrallen zum Ergreifen der Beute.
Gebogene Schnäbel zum Zerreißen der Nahrung.

Sitzende Vögel:

Sperlinge und Finken haben kurze und kräftige Schnäbel zur Aufnahme von Samen und Früchten.
Sänger (Sommergäste) haben schmale Schnäbel zum Insektenfang.
Größere Drosseln ernähren sich vielseitiger.
Alle sitzenden Vögel haben Füße, die so geformt sind, daß sie sich an Zweigen festkrallen können.
Die meisten haben drei Vorderzehen und eine Hinterzehe.

Am Meeresstrand

Die Nonnen- oder **Weißwangengans** ist ein Zugvogel, der bei uns an der Nordseeküste überwintert. Sie hat ein weißes Gesicht, einen schwarz-weißen Rumpf, einen schwarzen Hals und schwarze Beine.

An einem Sandstrand findet man im Herbst gut Gelegenheit, Seealgen, Watvögel und andere Tiere der Küste zu betrachten. Viele von ihnen leben auf ganz bestimmten Abschnitten oder Zonen des Ufers. Am besten kann man diese verschiedenen Uferzonen erkunden, wenn das Wasser sehr niedrig steht. Das ist während der sogenannten Springtide der Fall, die alle zwei Wochen – bei Vollmond und bei Neumond – eintritt. Die Zone oberhalb der Hochwasserlinie wird nur von Schaumspritzern benetzt. Zuletzt erreicht die Flut, die Seealgen und Muscheln anspült, die obere Uferzone. Auf halber Höhe des Strandes liegt die von Fluttümpeln unterbrochene mittlere Zone. Die untere Uferzone schließlich wird bei Ebbe als letzte freigelegt.

Die **Kegelrobbe** hält sich zur Fortpflanzungszeit in großen Herden an den Felsküsten Großbritanniens und der Ostsee auf. Die Jungen, die leider oft in den Herbststürmen ertrinken, werden von der Mutter gesäugt.

Die **Ringelgans** ist die kleinste unserer dunkel gefärbten Gänse. Sie brütet in der Arktis und überwintert an der Nord- und Ostsee, wo sie sich von Seegras ernährt. Bei Hochwasser läßt sie sich auf den Wellen treiben.

Der **Steinwälzer,** ein Watvogel felsiger und steiniger Küsten, dreht bei der Nahrungssuche Steine und Algen mit dem Schnabel um. Sein Sommerkleid ist rostbraun, im Winter aber nimmt er eine grauere Farbe an.

Der **Alpenstrandläufer** kommt an den Küsten Nordwestdeutschlands gelegentlich als Brutvogel vor, läßt sich aber vor allem in riesigen Schwärmen als Durchzügler blicken. Im Sommer hat er einen dunklen Bauchfleck.

Wie man den Strand absucht
Wenn das Wasser sehr niedrig steht, kannst du gut die verschiedenen Uferzonen nach Lebewesen absuchen. Am besten beginnst du oben am Strand und gehst allmählich auf das Wasser zu. Gegenstände aus Metall solltest du nicht anfassen, da sie gefährlich sein könnten.

Der **Gemeine Delphin,** gewöhnlich ein Bewohner warmer Meere, schwimmt oft neben Schiffen her. Gelegentlich läßt er sich an den Atlantikküsten blicken, wo hin und wieder auch ein toter Delphin angeschwemmt wird.

Der **Kleine Tümmler** ähnelt dem Delphin, hat jedoch eine stumpfe Schnauze, eine kleinere Rückenflosse und ist auch insgesamt kleiner. Außerdem ist er weniger zum Spielen aufgelegt und springt selten aus dem Wasser heraus.

Der Küsten- oder **Strandhüpfer,** ein Verwandter der Garnelen und Hummer, lebt zwischen angespülten Algen, von denen er sich auch ernährt. Er läuft und hüpft mit gekrümmtem Rücken auf dem Strand entlang, sucht aber nie das offene Wasser auf.

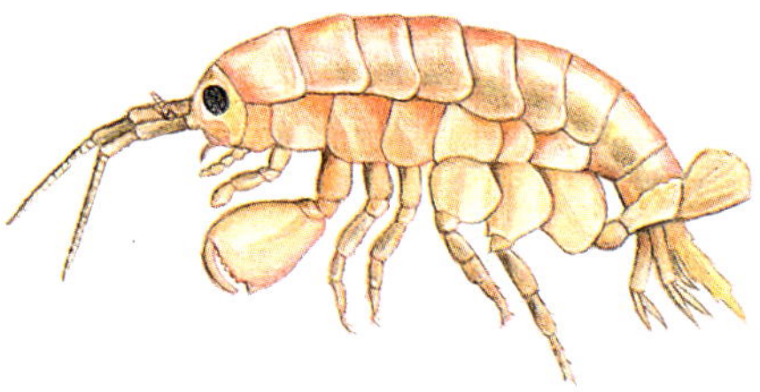

Die **Strandassel,** eine Verwandte der Mauerassel, verkriecht sich vor Möwen und Krebsen unter den Steinen und Algen der oberen Uferzone. Sie ist ein rascher Läufer und kann zur Tarnung die Farbe wechseln.

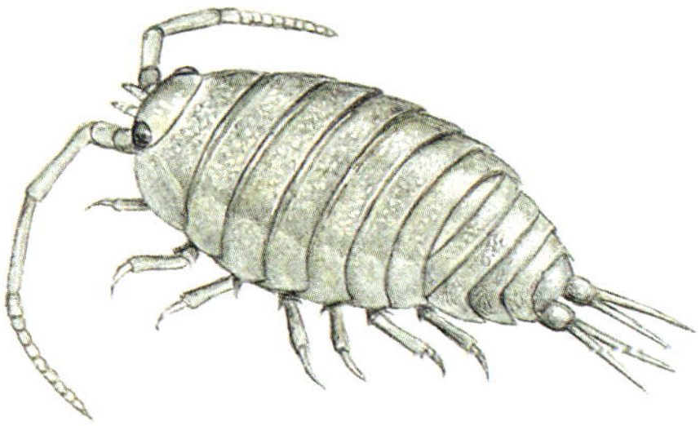

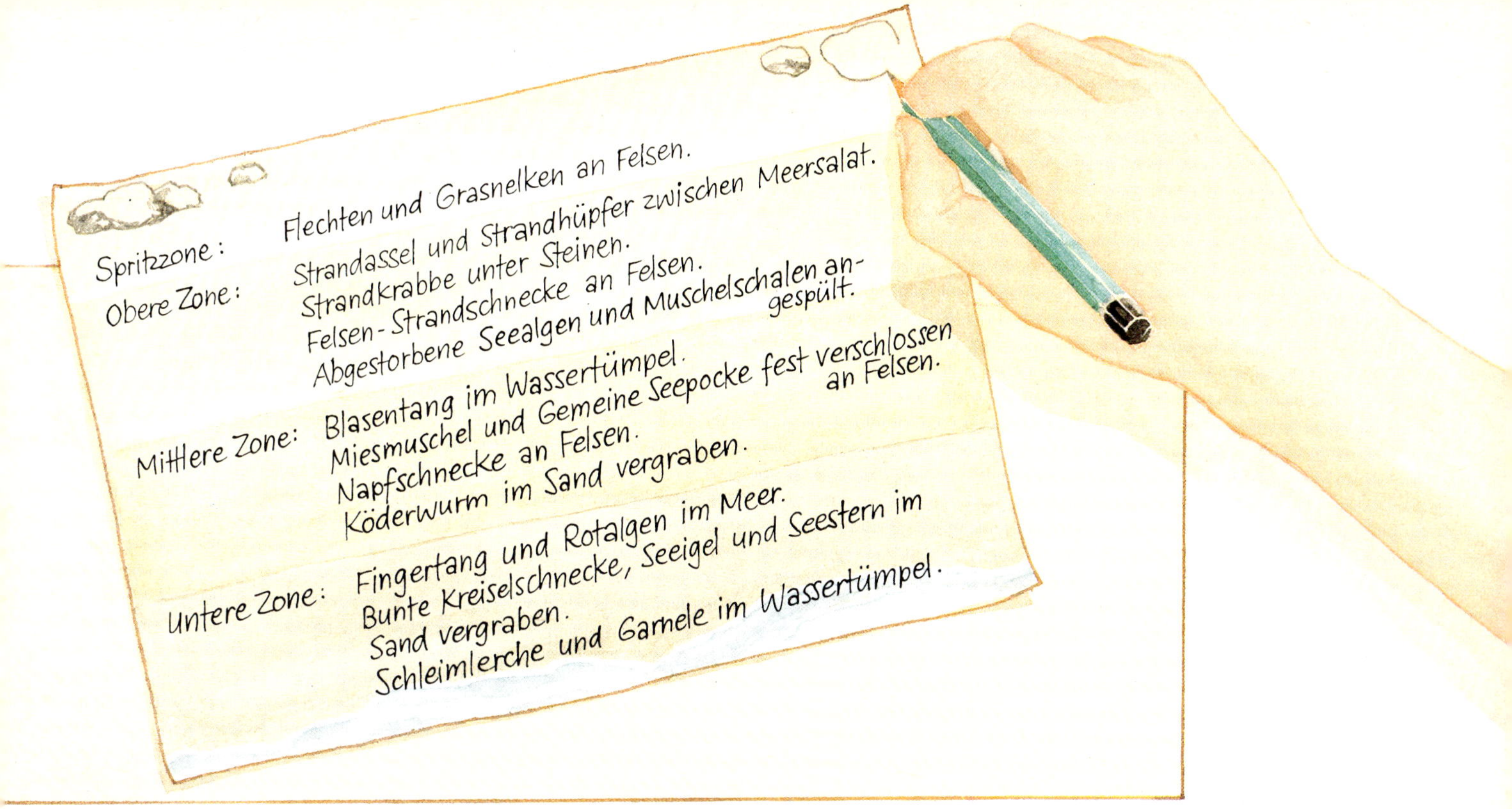

Die **Felsen-Strandschnecke,** ein Weichtier, sitzt an Felsbrocken der mittleren Uferzone. Ihr gerilltes Gehäuse kann weiß, gelb, braun oder auch orangefarben sein.

Die **Astflechte,** die wie alle Flechten keine Wurzeln besitzt, siedelt sich gewöhnlich an Uferklippen und Steinen oberhalb der Hochwasserlinie an.

Der **Gabelasttang** ist eine buschige, rötlich gefärbte Alge mit verzweigtem und gewelltem Thallus. Er setzt sich auf dem Gestein der unteren Uferzone fest und ist auch in flachem Wasser anzutreffen.

Wanderung durch den Winter

Kurze Tage, kalte Winde, Schnee und Eis lassen den Winter als tote Jahreszeit erscheinen. Die Bäume sind kahl, die oberirdischen Teile der meisten Pflanzen abgestorben, und auch Tiere zeigen sich kaum. Das Land sieht verlassen aus, doch ein Kenner der Natur weiß es besser. Es stimmt zwar, daß viele Tiere einen Winterschlaf halten und manche Vögel nach Süden gezogen sind, doch es gibt immer noch viel zu sehen.

Im Garten finden die hungrigen Vögel, die den Winter bei uns verbringen, rasch heraus, wo ihnen ein Tisch gedeckt ist. Bisweilen mischt sich unter die sogenannten Stand- oder Jahresvögel auch ein Wintergast wie der Seidenschwanz, dessen Brutgebiet in Nordeuropa liegt.

Obwohl die Felder im Winter öde und verlassen dazuliegen scheinen, lohnt es sich durchaus, sie zu erkunden. Es ist zum Beispiel möglich, daß der Bauer beim Umpflügen ein Fossil freigelegt hat. Ein Fossil ist der Überrest eines pflanzlichen oder tierischen Lebewesens, das vor vielen Tausenden oder sogar Millionen von Jahren gestorben und als Skelettrest oder Abdruck im Gestein erhalten geblieben ist.

Wenn Schnee liegt, kann man eine Menge über die Bewegungen der Tiere lernen. Ihre Spuren und Fährten erzählen dem Kundigen bisweilen ganze Geschichten. So zeigt die Spur eines Fuchses vielleicht, wo er einen Fasan anschlich, der in letzter Sekunde noch auffliegen konnte. Die Flügelabdrücke des Fasans lassen erkennen, in welche Richtung er entkam. Ein Eichhörnchen hat vielleicht Spuren um einen bestimmten Baum herum hinterlassen, in dessen Zweigen sich sein Nest oder Kobel befindet. Eichhörnchen halten nämlich keinen Winterschlaf, sondern ruhen nur hin und wieder.

Tiere, die einen Winterschlaf halten, ziehen sich manchmal in eine alte Scheune oder einen abgelegenen Schuppen zurück. Man kann sie sich anschauen, darf sie aber nicht stören.

In diesen Monaten bietet sich die Gelegenheit, die Winterknospen und Formen der Laubbäume kennenzulernen. Nadelbäume lassen sich anhand ihrer Zapfen und Nadeln bestimmen.

Viele Kleintiere haben Schutz vor dem Frost gesucht und sich im Boden vergraben oder unter Baumstämmen und Steinen verkrochen.

Auf einer Strandwanderung schließlich sind die Schalen, Gehäuse und sonstigen tierischen Überreste zu finden, die vom Meer angespült oder von den Vögeln hinterlassen wurden.

Im Garten

Ein Garten, der Vögeln Futter und Sitzplätze bietet, ist ihnen jederzeit willkommen, besonders aber im Winter, wenn das Futter knapp ist. Man kann ihnen sowohl Sitzplätze als auch Futter ohne viel Mühe bereitstellen. Wo beides vorhanden ist, werden Meisen, Drosseln, Finken, Rotkehlchen, Gimpel und die dreisten Haussperlinge sicher nicht lange auf sich warten lassen.

Man darf allerdings nicht mitten im Winter mit dem Füttern aufhören, nachdem die Vögel sich daran gewöhnt haben. Du kannst einen Vogeltisch bauen und die Vögel und ihre Freßgewohnheiten dann von der gemütlichen, warmen Stube aus beobachten. Der Tisch sollte auf einem Pfahl stehen oder von einem Ast herabhängen, damit die Vögel nicht von Katzen überrascht werden können. Als Futter kannst du ungesalzene Erdnüsse, Apfelstücke, gekochte Kartoffeln, Körner, Speckschwarten, hartes Fett und Rosinen verwenden.

Die **Wacholderdrossel** ist ein sogenannter Teilzieher, denn ein Teil dieser Vögel zieht im Winter nach Südeuropa, während der andere bei uns bleibt. Sie ist so groß wie die Misteldrossel, hat aber einen grauen Kopf und einen grauen Bürzel, einen kastanienbraunen Rücken und einen dunklen Schwanz.

Der **Seidenschwanz,** ein Wintergast aus Nordeuropa, hat eine rötlichbraune Haube und einen dunklen Schwanz mit gelber Endbinde. Er besucht unsere Gärten vor allem, um sich nach Beeren umzuschauen.

Die **Tannenmeise** hat einen schwarzen Kopf und einen weißen Nackenfleck. Auf der Suche nach Futter kommt sie auch in die Gärten, ihr Nest aber liegt gewöhnlich im Nadelwald, und zwar in einer Baumhöhle dicht am Boden.

Die **Kohlmeise,** die größte unserer Meisen, ist an den schwarzen Längsstreifen auf ihrer gelben Unterseite ebenso zu erkennen wie an ihrem lauten Ruf, dem jedermann bekannten „zizidä".

Die **Misteldrossel** ähnelt der Singdrossel, ist aber größer und hat auch größere Flecke. Im Winter frißt sie gerne Mistelbeeren. Da sie die Samen unverdaut wieder ausscheidet, trägt sie zur Verbreitung der Mistel bei.

Der **Buchfink** ist in Mitteleuropa ein Teilzieher. Oft bleiben die Männchen gemeinsam im Lande, während die Weibchen im Süden überwintern. Zu den verschiedenen Rufen des Buchfinks gehört ein kräftiges „pink".

Der **Grünling** oder Grünfink bevorzugt Gärten mit Bäumen, auf denen er einen kanarienvogelartigen Gesang anstimmt. In kalten Wintern ist er unter Umständen auf einen Futterplatz angewiesen.

Das Leben eines Tagpfauenauges

Das Tagpfauenauge erwacht im Frühjahr aus der Winterstarre, um seine Eier auf Brennesseln abzulegen. Bald danach schlüpfen die Raupen.

Im Juni oder Juli sieht man die Raupen, auch Larven genannt, in Gruppen an den Blättern fressen. Manchmal bedecken sie sich mit Spinnfäden.

Die **Singdrossel** sucht den Rasen nach Regenwürmern ab. Sie ist bei uns im Winter allerdings nicht oft zu sehen, da die meisten Singdrosseln im Oktober nach West- oder Südeuropa ziehen. Ihr klarer Gesang ist äußerst klangvoll.

Der dreiste **Haussperling,** der in der Stadt wie auf dem Lande an Gebäuden nistet, ist zweifellos unser bekanntester Vogel. Das Männchen trägt einen schwarzen „Brustlatz“ und hat einen grauen Scheitel.

Der **Feldsperling** nistet gewöhnlich in Baumhöhlen. Männchen und Weibchen sehen gleich aus und unterscheiden sich vom Haussperling durch ihre kastanienbraune Kappe und den schwarzen Fleck in der Ohrgegend.

Der **Gimpel** oder Dompfaff ist ein recht scheuer Vogel, läßt sich aber dennoch im Garten blicken, wo er bisweilen die Knospen der Obstbäume abbeißt. Das Männchen hat eine leuchtendrote Unterseite und einen weißen Bürzel.

Das **Rotkehlchen** überwintert zum Teil in Südeuropa, bleibt zum Teil aber auch im Lande. Es beansprucht einen Garten als sein Revier und verjagt sämtliche Rivalen. Sein Gesang besteht aus einer Reihe flötender Töne.

Im Juli oder August hängt sich die Raupe kopfunter an einer Pflanze auf und wandelt sich zur Puppe um.

Nach etwa zwei Wochen schlüpft der Schmetterling und kann beim Besuch der Gartenblumen beobachtet werden.

Wie man eine Karte anfertigt
Du kannst dir eine Karte von deinen Wanderungen anlegen, indem du aufzeichnest, welche Wege du durch die verschiedenen Lebensräume nimmst, welchen Pflanzen und Tieren du begegnest und was dir sonst noch auffällt. Wenn du diese Wanderung in jeder Jahreszeit wiederholst, besitzt du am Ende des Jahres einen Überblick darüber, wie sich das Leben in der Natur mit den Jahreszeiten gewandelt hat.

Am besten zeichnest du die Karte auf der Wanderung selbst. Gib Pflanzen, Tiere und Spuren ebenso wie Straßen, Flüsse und andere Orientierungshilfen durch Zeichen wieder, die du am Rande der Karte erläuterst. Vergiß nicht, die Windrichtung und die Himmelsrichtungen, die Bodenbeschaffenheit, wie Sand oder Lehm, und die Witterung anzugeben.

8. Dezember
Windrichtung
unser Haus
Hecke
Straße
Fluß
Hügel
Buchenwald
Weißdornbüsche
Seidenschwanz
viele Spuren beim Kaninchenbau
Eichhörnchenkobel im Wald
In einer Baumhöhle überwinternde Fledermaus
Maulwurfhügel auf einer Wiese
Fuchsspuren im Feld
Zwergtaucher auf dem Fluß
Mehlbeerenlager unter einem Strauch
Mehlbeeren futternde Wacholderdrossel
Dachsbau mit zwei gegenwärtig benutzten Eingängen
N

Der Boden verschiedener Lebensräume

Der Boden setzt sich aus dem Humus verrotteter Pflanzen und den Mineralteilchen der darunterliegenden Gesteinsschicht, des sogenannten Ausgangsgesteins, zusammen. Wie wertvoll ein Boden ist, hängt davon ab, wie viele Mineralsalze oder Nährstoffe und wie viel Luft und Wasser er enthält. Manche Pflanzen gedeihen nur auf bestimmten Böden. Saure Böden sind arm an Mineralsalzen und lassen daher weniger Pflanzen gedeihen als Kalkböden, denen es an Mineralsalzen nicht mangelt. Wenn man die Bodenbeschaffenheit eines Lebensraums kennt, hat man einen guten Hinweis auf die Pflanzen, die dort wachsen könnten.

Bebaute Felder
In Tälern und Niederungen liegende Felder enthalten Boden, der von Fluß- und Regenwasser aus höheren Gebieten herabgespült wurde. Weil auch die Mineralsalze herabgespült wurden, ist dies ein nährstoffreicher Boden, der von den Bauern bestellt werden kann.

Berge
Im Gebirge ist die Bodenschicht dünn. Ob sie sauer oder alkalisch ist, hängt von dem darunterliegenden Gestein ab. In dieser Umgebung können wegen der schneereichen, windigen und kalten langen Winter nur alpine Pflanzen gedeihen. Soweit in großer Höhe noch Bäume wachsen, handelt es sich meistens um Nadelbäume.

Tal, See und Fluß
In diesen sumpfigen Lebensräumen hat sich der Boden oft mit Wasser vollgesogen, besonders an den tiefliegenden Ufern der Flüsse, Teiche und Seen. Der nährstoffreiche Schlamm ermöglicht einen üppigen Bewuchs mit feuchtigkeitsliebenden Pflanzen.

Wiesen

Zu den besten Weidegebieten gehören die Hügel der Kalksteinlandschaften. Hier gedeihen zahlreiche Wild- und verschiedene Kulturpflanzen. In England ist ein solcher Boden an den berühmten Kreidefelsen von Dover zu erkennen; in Deutschland begegnet man ihm auf der Insel Rügen.

Laubwälder

In dieser Umgebung schafft der Laubfall einen nährstoffreichen Humus. Das gilt besonders für den Boden der Eichenwälder, der zahlreiche schattenliebende Pflanzen wachsen läßt. Eichen bevorzugen lehmige Böden, Buchen hingegen gedeihen am besten auf Kalkböden.

Moore

Im Moor verhindert ein undurchlässiges Ausgangsgestein wie Granit, der sehr lange zum Verwittern braucht, daß überschüssiges Wasser abfließen kann. Die abgestorbenen Pflanzen, die nur langsam und nicht völlig verrotten, bilden eine Torfdecke. Es entsteht ein nährstoffarmer und saurer Boden.

Sanddünen

Der lockere Dünensand bildet einen leichten, trockenen Boden, der das Wasser rasch abfließen läßt. Hier gedeihen säureliebende Pflanzen, die nicht viel Feuchtigkeit verlangen. Zu ihnen gehört das Heidekraut, das eine wichtige Rolle als Bienenweide spielt.

Auf den Wiesen

Unsere Haustiere stammen von wildlebenden Vorfahren ab, die vor langer Zeit von Bauern gezähmt wurden, damit sie ihnen einen ständigen Vorrat an Nahrungsmitteln bereithielten. Vom Rind verwendeten die Bauern das Fleisch, die Milch und die Häute. Pferde benutzten sie zunächst als Reit- und später als Zugtiere für ihre Wagen und Pflüge. Die Schweine lieferten Fleisch, die Schafe Wolle, die Ziegen Milch, und die Hühner und Gänse legten Eier.

Unser **Hausschaf** stammt vom **Mufflon** ab, das in den Bergen Zyperns, Asiens und der Türkei immer noch wild lebt. Schafe werden ihres Fleisches und ihrer Wolle wegen gehalten.

Die Stammform der **Hausziege,** die **Bezoarziege,** ist in den Gebirgen Vorderasiens noch heute anzutreffen. Ziegen liefern Fleisch, Leder und Milch, die zu Käse verarbeitet werden kann.

Das **Hausschwein** wird seines Fleisches wegen gezüchtet. Sein Vorfahr ist das **Wildschwein,** das immer noch in den Wäldern und Naturparks Europas, Nordafrikas und Asiens lebt.

Die meisten **Haushühner** werden in Stallungen gehalten, einige jedoch genießen, besonders auf den Bauernhöfen, freien Auslauf. Die Wildform des Haushuhns ist das **Bankivahuhn,** das in den Wäldern Hinterindiens heute noch freilebend vorkommt.

Die **Hausgans,** die von der **Graugans** abstammt, liefert dem Menschen Fleisch und Federn. Sie ist ein guter „Wachhund", da sie Fremde stets mit lautem Geschnatter ankündigt.

Rinder werden entweder als Milch- oder als Mastvieh gehalten. Ihr Stammvater, der Ur oder **Auerochse,** hatte eine Schulterhöhe von fast zwei Metern und durchstreifte die Wälder Europas bis ins 17. Jahrhundert.

Unser **Pferd** wird zum Reiten, Rennen und als Zugtier verwendet. Sein wildlebender Vorfahr war das **Prschewalskipferd,** das in der Mongolei vermutlich noch heute in geringer Zahl frei umherstreift.

Im Feld

Die **Mantelmöwe,** ein häufiger Wintergast der Nord- und Ostsee, ist die größte der europäischen Möwen. Sie brütet an den Felsküsten Nordeuropas und der Britischen Inseln und erscheint im Winter bisweilen im Binnenland.

Unmittelbar nach der Getreideernte pflügt der Bauer sein Feld um und befördert dabei viele Insekten und Würmer ans Tageslicht. Dieses Kleingetier lockt sowohl Krähen- und Kiebitzschwärme als auch Möwen herbei, die im Winter ins Binnenland kommen. Oft sind in einem schneebedeckten oder vom Regen aufgeweichten Boden die Fährten und Spuren verschiedener Tiere zu sehen. Die Spur eines Fuches oder eines Kaninchens läßt sich über eine gute Strecke verfolgen. Welches Tier die Spur hinterlassen hat, ist an ihrer Größe, ihrer Form und der Zahl der Zehenabdrücke zu erkennen.

Der **Fuchs** hinterläßt eine vierzehige Spur mit feinen Krallenabdrücken. Die Vorderpfote ist größer als die Hinterpfote, und die beiden mittleren Zehen zeigen leicht aufeinander zu.

Die Spur des **Dachses** läßt fünf bekrallte Zehen und den dahinterliegenden Ballen erkennen. Dachse neigen dazu, immer wieder dieselben Wege zu benutzen, und zwar meist bei Nacht.

Alle Abdrücke stammen vom rechten Vorder- und Hinterfuß.

Die **Nebelkrähe** ist eine nahe Verwandte der Rabenkrähe. Sie bewohnt Nord- und Osteuropa sowie Irland und Schottland, streift im Winter aber weit umher und ist dann auch in Westdeutschland anzutreffen.

Rothirsche gehen auf den Zehenspitzen, die jeweils ein Paar Hufe tragen. Wenn die Tiere nicht gerade in großer Eile waren, ist ihre Fährte nicht immer sehr deutlich.

Das **Mauswiesel** hinterläßt kleine, fünfzehige Abdrücke, die zu viert beieinander stehen, da es sich normalerweise in Sprüngen vorwärtsbewegt.

Das hüpfende **Wildkaninchen** setzt mit seinen langen Hinterpfoten vor den runderen Vorderpfoten auf. Wenn es rasch läuft, sind die Abdrücke weit auseinandergezogen.

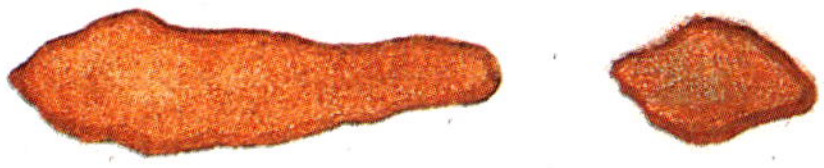

Wie man Fossilien aufspürt
Fossilien sind die Überreste vorzeitlicher Pflanzen und Tiere, die in den Gesteinsschichten der Erdkruste erhalten geblieben sind. Manche Fossilien liegen dicht unter der Erdoberfläche und werden beim Pflügen eines Feldes bloßgelegt. Bevor du dort zu suchen beginnst, solltest du den Bauern allerdings um Erlaubnis bitten. Auch an den Wänden eines Steinbruchs oder einer alten Kalk-, Lehm- oder Kiesgrube kann man Fossilien entdecken. Möglicherweise brauchst du einen Hammer, um sie herauszulösen. Du solltest jedoch nicht alleine gehen.

Die fossile **Auster** sieht der heutigen sehr ähnlich. Bei Tunnelbauten sind gelegentlich große Ansammlungen versteinerter Austern entdeckt und ausgegraben worden.

Der **Donnerkeil** ist das versteinerte innere Gehäuseende des Belemniten, eines tintenfischartigen Meerestieres. Manche Belemniten lebten vor 150 Millionen Jahren.

Der **Ammonit** wird wegen seines gewundenen Gehäuses auch Ammonshorn genannt. Er lebte zur selben Zeit wie der Belemnit und war ebenfalls ein Tintenfisch mit langen Fangarmen.

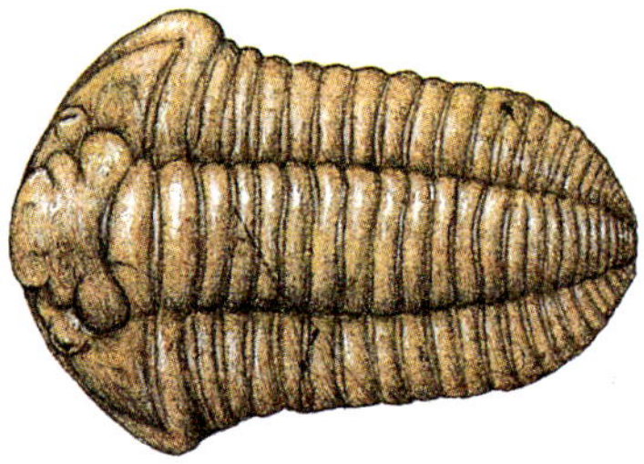

Der **Trilobit,** ein asselähnliches Meerestier mit vielen gegliederten Beinpaaren, lebte vor 500 Millionen Jahren. Erhalten geblieben ist sein dreiteiliger Panzer.

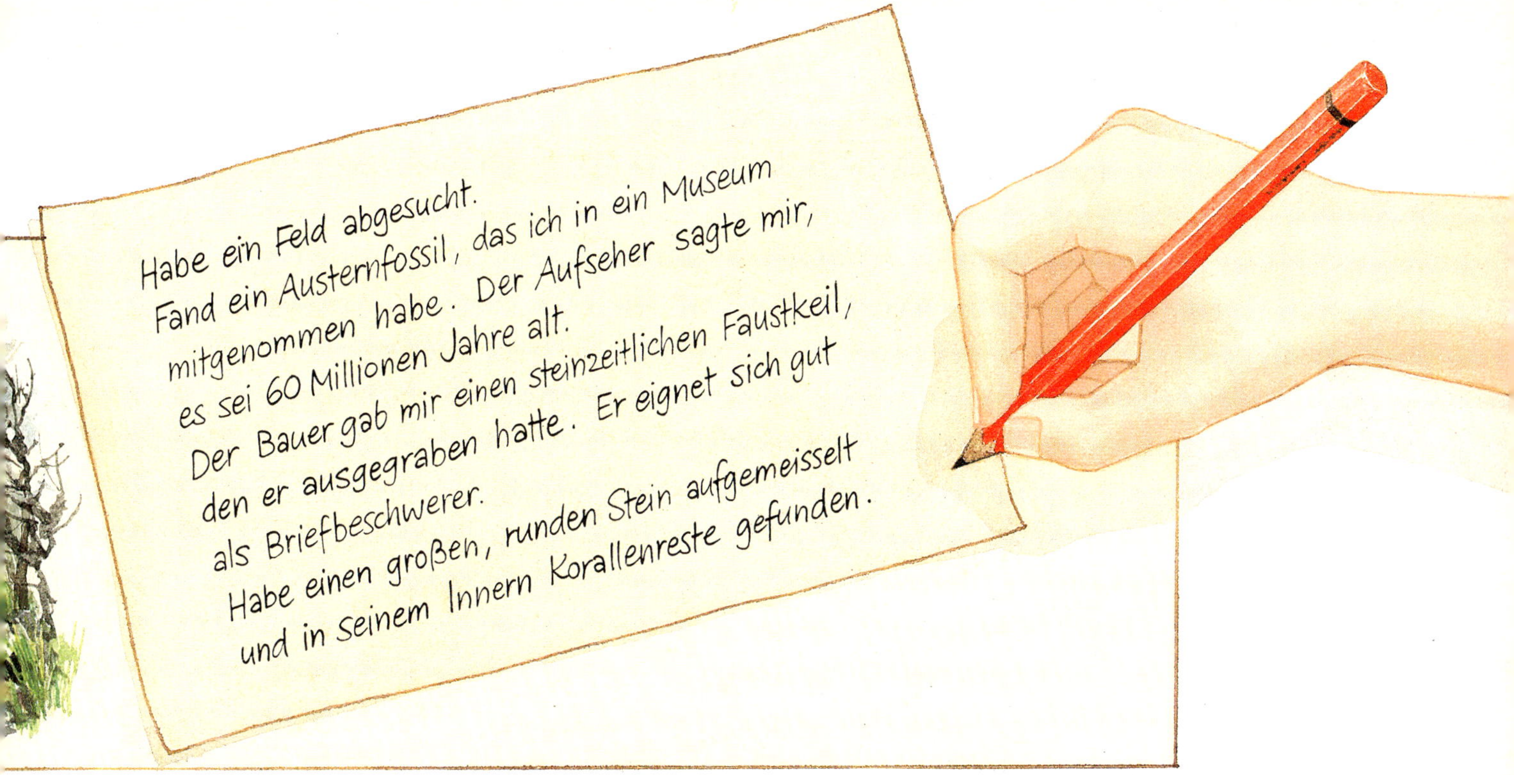

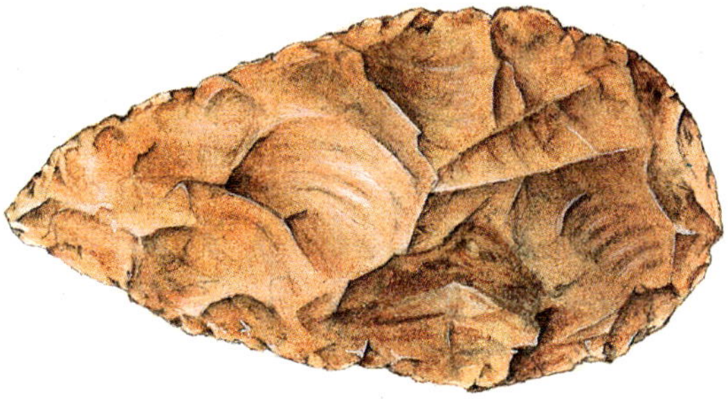

Faustkeile sind keine Fossilien, können manchmal aber auch in einem Feld gefunden werden. Die Steinzeitmenschen benutzten sie, um Tiere zu töten und zu zerlegen, und fertigten sie aus Feuerstein an.

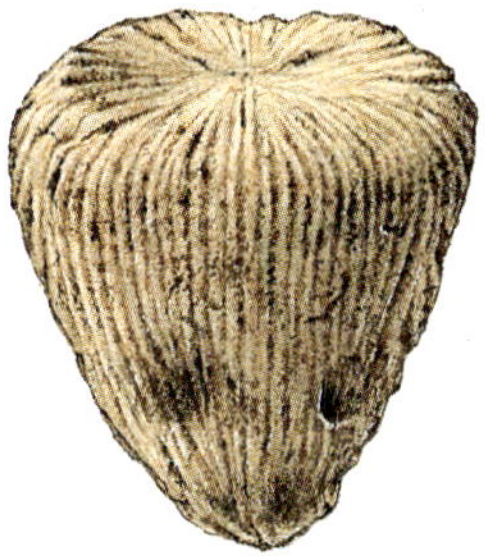

Korallen sind winzige, an Seerosen erinnernde Meerestiere. Sie leben zu Millionen in Kolonien zusammen, die sie durch ihre Kalkausscheidungen aufbauen. Fossile Gehäuse findet man in früher vom Meer bedeckten Gebieten.

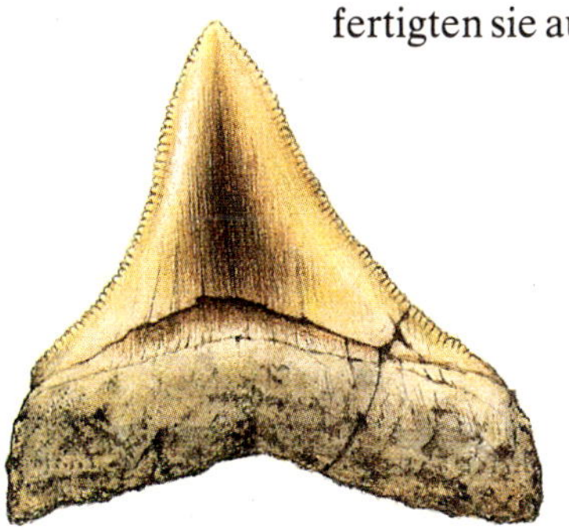

Ein **Haifischzahn** ist der einzige Teil dieses Tieres, der nach seinem Tod nicht verwest. Die spitzen fossilen Zähne sind dort anzutreffen, wo sich früher einmal Meere erstreckten.

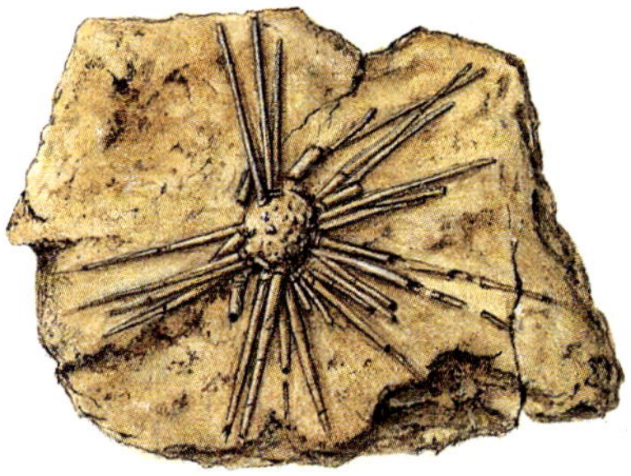

Der **Seeigel,** ein Verwandter des Seesterns, hinterläßt ein Stein- oder Kalkfossil seines runden oder eiförmigen Gehäuses. Manchmal sind auch die Stacheln, die das Gehäuse bedecken, erhalten.

In der Scheune

In einer ruhigen Scheune gibt es immer Tiere zu entdecken, die hier vor Kälte und Frost Zuflucht gesucht haben, besonders Angehörige jener Arten, die einen Winterschlaf halten. Sie verkriechen sich gerne in dunkle Winkel und dürfen nicht geweckt werden. Der Winterschlaf ist sehr viel fester als der gewöhnliche Schlaf, und eine Unterbrechung kann zum Tode führen. Die Körpertemperatur der Tiere fällt in dieser Zeit stark ab, und auch ihr Herz schlägt langsamer. Wenn es wieder wärmer wird oder wenn die Tiere Nahrung brauchen, wachen sie von alleine auf.

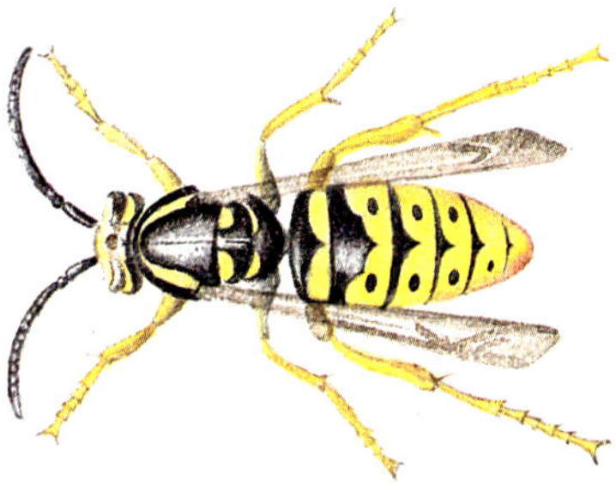

Die **Wespenkönigin** lebt als einzige Angehörige ihres Volkes länger als einen Sommer. Sie überwintert, vor Frösten geschützt, in einem Gebäude oder einer Baumhöhle und klammert sich mit ihren Mundwerkzeugen fest.

Der **Siebenschläfer,** ein Verwandter des Gartenschläfers und der Haselmaus, hält seinen siebenmonatigen Winterschlaf, zu dem er sich gern in Gebäude zurückzieht, von September oder Oktober bis April oder Mai.

Die **Großohrfledermaus** hängt sich zum Überwintern gewöhnlich mit ihren Fußkrallen kopfunter am Dach einer Scheune oder eines Stalles auf. Ihre langen Ohren werden dabei zurückgelegt und von den Flügeln umschlossen.

Die **Zwergfledermaus,** unsere häufigste Fledermaus, sucht zum Überwintern oft eine Scheune oder einen Heuboden auf, um sich dort in eine Nische hinter einem Balken oder einer Bohle zu zwängen.

Die prächtige **Schleiereule** ruht tagsüber in der Scheune, wo sie auch brütet. In der Nacht jagt sie Mäuse und Spitzmäuse. Nach jeder Mahlzeit würgt sie ein Gewölle aus Knochen, Haaren und Federn hervor.

Ein überwinternder **C-Falter** sieht wie ein abgestorbenes Blatt aus, da er seine unterwärts unauffällig gefärbten, gezackten Flügel in dieser Zeit geschlossen hat. Die Hinterflügel tragen auf der Unterseite ein weißes C.

Die **Goldleiste,** ein Laufkäfer, kann nicht fliegen; ihre violetten Flügeldecken sind daher fest verschlossen. Sie verbirgt sich tagsüber unter Steinen und Baumstämmen sowie in Scheunen und Schuppen.

Im Laubwald

Im Frühjahr, Sommer und Herbst kann man Laubbäume an ihren Blättern, Blüten und Früchten erkennen. Der Winter ist dann die rechte Zeit, die Gestalt, die Borke und die Knospen der Bäume näher zu betrachten. Die Größe, Farbe, Form sowie die Entwicklung der Knospen sind bei jeder Baumart anders und helfen daher bei der Bestimmung. Auch die Borken gleichen einander nicht. Manche Bäume haben eine glatte, andere eine rissige oder abblätternde Borke. Nicht alle Laubbäume wachsen bei uns von alters her; manche sind aus anderen Ländern eingeführt worden.

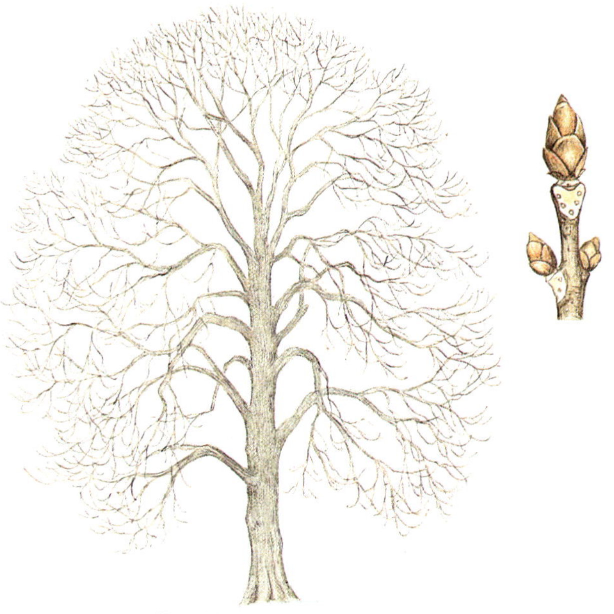

Die **Roßkastanie** wurde aus Griechenland eingeführt. Sie trägt klebrige Knospen an aufwärts gebogenen Zweigen. Wenn die alten Blätter abfallen, hinterlassen sie an den Zweigen hufeisenförmige Narben. Das weiße Holz ist kaum zu gebrauchen.

Die bekannte **Ulme** ist durch die Ulmenkrankheit vom Aussterben bedroht. Ihre Blattknospen öffnen sich erst lange, nachdem die Blüten erschienen sind.

Die **Esche** hat eine graue Borke. Die schwarzen Knospen stehen einander bis auf eine Einzelknospe am Ende des Zweigs paarweise gegenüber. Aus dem Holz werden Möbel hergestellt.

Die **Linde** besitzt eine glatte, graue Borke und rundliche Knospen. Sie ist ein beliebter Alleebaum, dessen gelbweißes Holz für Schnitzereien benutzt wird.

Die **Erle** gedeiht an nassen Standorten wie Fluß- und Seeufern. Ihre Blattknospen und jungen Kätzchen verleihen ihr einen purpurfarbenen Schimmer.

Die Hain- oder **Weißbuche** gleicht einer kleinen Rotbuche, ihre glatte Borke wird jedoch von tiefen Rissen durchzogen. Die braunen Knospen sind schmal und spitz. Ihr Holz wird für landwirtschaftliche Geräte verwendet.

Die **Buche** hat eine glatte, gräuliche Borke und bringt dünne, braune und spitze Knospen hervor. Ihre Blätter bilden nach dem Laubfall im Herbst einen dichten Teppich.

Die stämmige **Eiche** ist in eine rissige, braune Borke gehüllt. Die dicken, rundlichen Knospen stehen meist dichtgedrängt an den Enden der gekrümmten Zweige.

Im Boden

Im Boden verbirgt sich vielerlei pflanzliches und tierisches Leben, das zum Teil allerdings zu klein ist, um mit dem bloßen Auge wahrgenommen zu werden. Ein Hektar Eichenwald beherbergt oft viele Millionen winziger Tiere, die auch in der Lauberde anderer Wälder überaus zahlreich vertreten sind. Diese Bodenlebewesen tragen dazu bei, abgeworfene Blätter und Äste zu zersetzen und in Humus umzuwandeln. Viele Pflanzen werden aus unterirdischen Speicherorganen wie Zwiebeln und Knollen hervorgebracht.

Die **Knolle** ist das verdickte, unterirdische Speicherorgan eines Pflanzensprosses, der stets aus Stengel und Blättern besteht. Sie bringt – wie beispielsweise beim Krokus – Jahr für Jahr neue Blätter und Blüten hervor.

Die **Zwiebel,** ebenfalls ein unterirdisches Speicherorgan, besteht aus einem flachen Stengel und dichtgestellten, fleischigen Schuppenblättern. Sie bringt im Frühjahr – wie bei der Tulpe – neue Blätter und Blüten hervor.

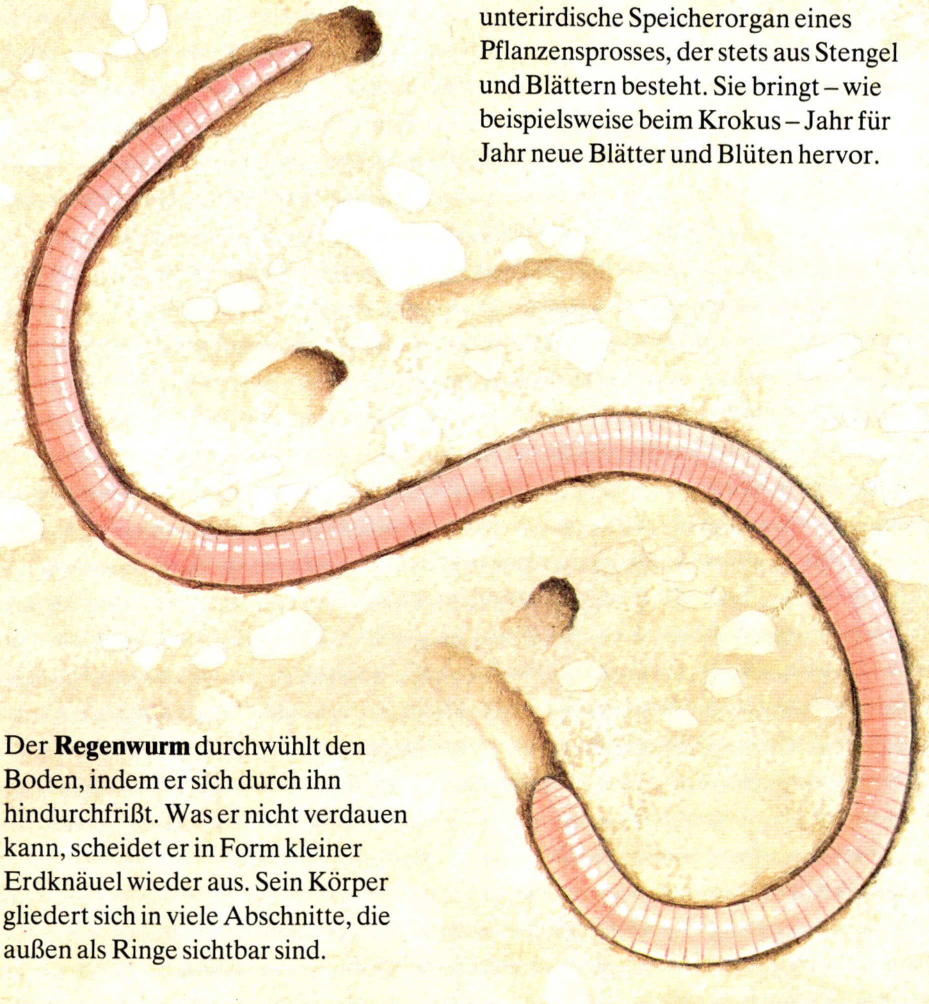

Der **Regenwurm** durchwühlt den Boden, indem er sich durch ihn hindurchfrißt. Was er nicht verdauen kann, scheidet er in Form kleiner Erdknäuel wieder aus. Sein Körper gliedert sich in viele Abschnitte, die außen als Ringe sichtbar sind.

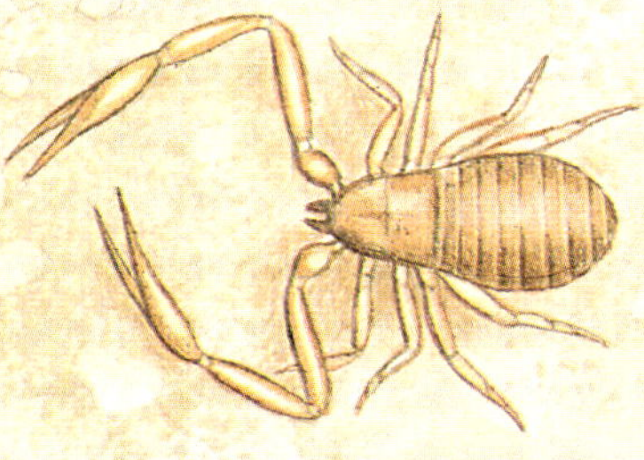

Der **Afterskorpion** sieht mit seinen großen Scheren wie ein Skorpion im Kleinformat aus, besitzt allerdings keinen Stachel. Er jagt kleine Insekten und spinnt ein Nest für seine Eier.

Die **Gesprenkelte Weinbergschnecke** hält sich tagsüber gewöhnlich verborgen, wenn es nicht gerade geregnet hat. Dann kommt sie auf ihrem flachen Fuß hervorgekrochen, um nach Nahrung zu suchen. Am Ende ihrer langen Fühler sitzen zwei kleine Augen.

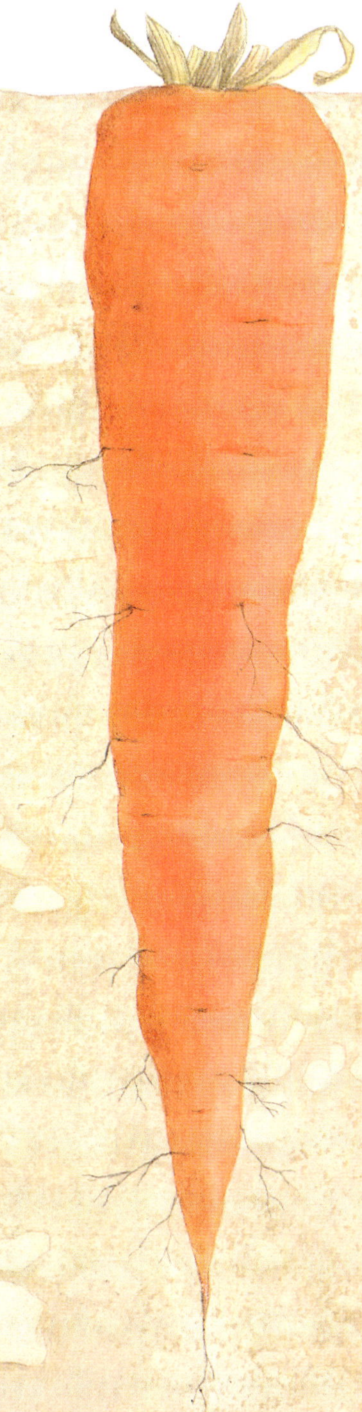

Ein **Wurzelstock** ist ein waagerecht wachsender, unterirdischer Sproß, der jedes Jahr neue Blätter und Blüten treibt. Zu den Pflanzen, die einen Wurzelstock besitzen, zählen die Schwertlilie und der Adlerfarn.

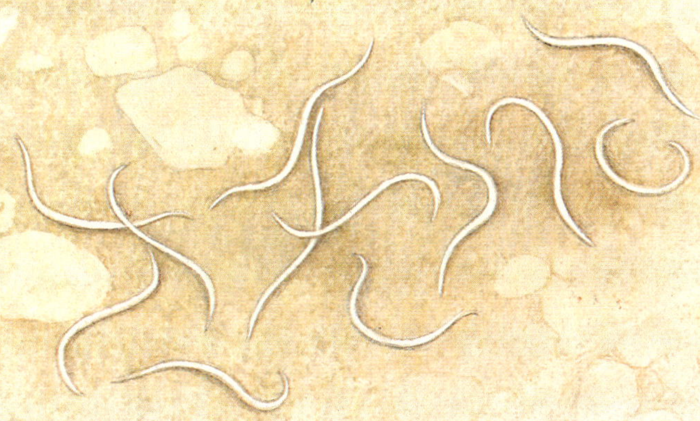

Der Körper des kleinen **Fadenwurms,** der sich sonderbar schlängelnd vorwärtsbewegt, ist nicht in Abschnitte unterteilt. Manche Fadenwürmer richten Schaden an Nutzpflanzen wie der Kartoffel an.

Eine **Rübe** ist eine tief in den Boden hineinreichende, verdickte Hauptwurzel, in der Nährstoffe gespeichert werden. Zu den Pflanzen, die Rüben besitzen, gehören die Möhre und der Rettich.

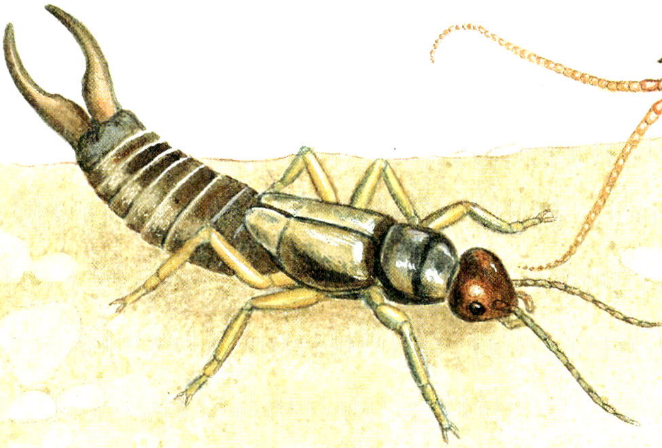

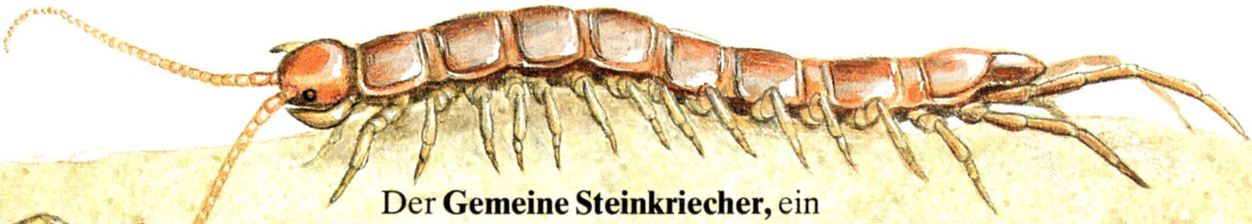

Der **Gemeine Steinkriecher,** ein Hundertfüßler, kann sich auf seinen vielen Beinen recht rasch vorwärtsbewegen. Er trägt an jedem Ring seines langen, flachen Körpers ein Beinpaar. Bei Gartenfreunden ist er beliebt, weil er anderes Kleingetier frißt.

Der **Ohrwurm** sieht seiner gebogenen Zangen wegen recht gefährlich aus. Er kneift jedoch niemanden ins Ohr, sondern frißt nur an den Blütenblättern der Gartenblumen, wenn er nachts aus seinem Versteck kommt.

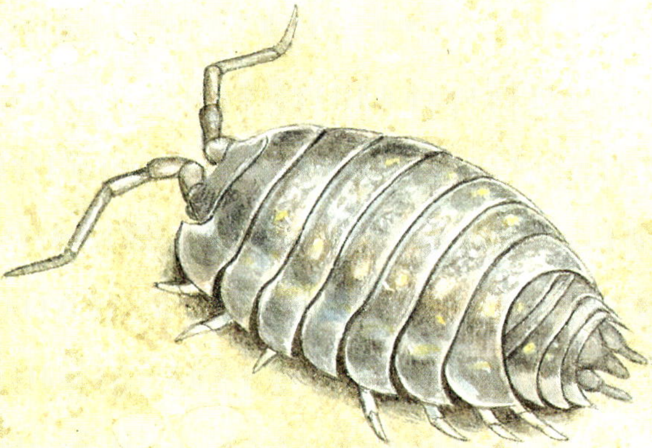

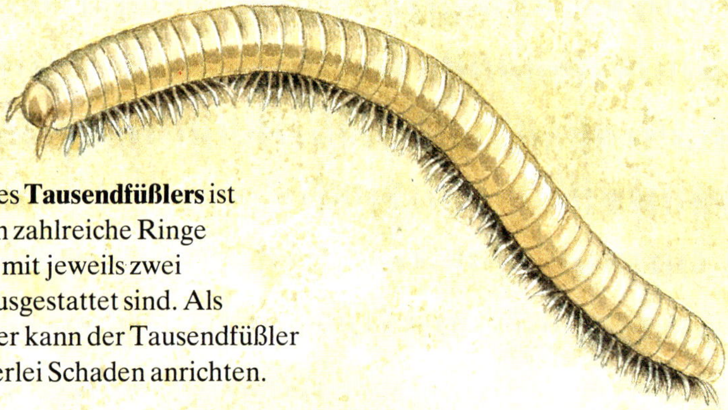

Der Körper des **Tausendfüßlers** ist gewölbt und in zahlreiche Ringe unterteilt, die mit jeweils zwei Beinpaaren ausgestattet sind. Als Pflanzenfresser kann der Tausendfüßler im Garten allerlei Schaden anrichten.

Die **Mauerassel** ist kein Insekt, sondern ein Krebstier. Sie ernährt sich hauptsächlich von faulem Holz und ist unter Baumstämmen und in alten Baumstümpfen zu finden.

Wie man das Bodenleben kennenlernt

Du kannst das Bodenleben untersuchen, indem du ein wenig Erde und Lauberde mit nach Hause nimmst, sie dort auf einem weißen Blatt Papier ausbreitest und mit einer hellen Lampe anstrahlst. Die Tiere werden herauskriechen, um dem Licht zu entfliehen. Ein Vergrößerungsglas wird dir helfen, sie zu erkennen.

Die **Gartenschnecke,** die im Gegensatz zur Weinbergschnecke kein Gehäuse besitzt, ernährt sich vorwiegend von Pflanzenblättern. Sie lebt in feuchter Umgebung und hinterläßt beim Kriechen eine schleimige Spur.

Die harmlose **Zitterspinne** hat wie alle Spinnen acht Beine, die jedoch besonders lang sind. Sie baut ihr Netz in Gebäuden und Baumhöhlen und versetzt es bei Störungen in zitternde und schwingende Bewegung.

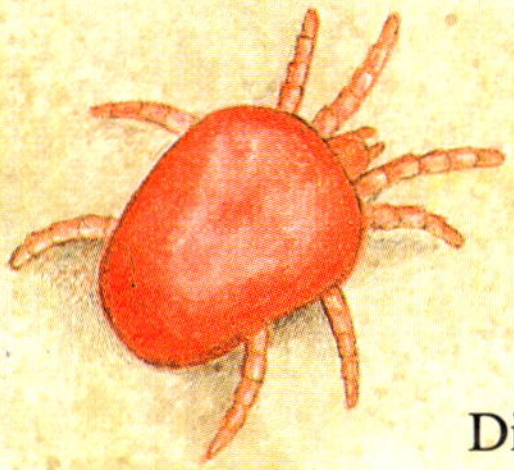

Der **Weberknecht,** ein Allesfresser, ist ein Verwandter der Spinne, besitzt jedoch keine Spinndrüsen. Seine langen Beine brechen leicht ab und helfen ihm dadurch, Angreifern zu entkommen; sie wachsen aber nicht nach.

Die achtbeinige, rote **Sammetmilbe** ist eine Verwandte der Spinne, die Obstbäume befällt. Im Boden und besonders in der Lauberde der Wälder leben unzählige Milben.

Habe ein wenig Lauberde aus dem Wald geholt. Verteilte sie vor dem Haus in hellem Licht auf einem weißen Blatt Papier. Eine Mauerassel kam hervor und verkroch sich unter dem Papier.

Setzte eine Schnecke, die sich in ihr Gehäuse zurückgezogen hatte, auf eine wassergefüllte Untertasse. Sie kam heraus und kroch umher, als sie das Wasser spürte.
Ein Steinläufer lief so schnell davon, daß er mir entwischte.

Im Nadelwald

Nadelbäume wachsen rascher und aufrechter als Laubbäume und werden daher als Nutzholz verwendet. Manche der Nadelbäume, die bei uns in langen Reihen angepflanzt werden, sind zu diesem Zweck erst in Europa eingeführt worden. Es gibt jedoch auch einheimische Nadelbäume, so zum Beispiel in dem gewaltigen Nadelwaldgürtel, der sich von Nordeuropa bis Asien erstreckt. Nadelblätter haben eine besonders geringe Oberfläche, die eine zu große Wasserverdunstung verhindert, so daß die Bäume in kalten Gegenden oder auf kargen Böden ebenso gedeihen wie im Gebirge. Jede Baumart besitzt eine eigene Wuchsform, durch die sie ihre typische, unverwechselbare Gestalt erhält. Das Alter eines gefällten Baumes kann man errechnen, indem man die Ringe der Schnittfläche zählt, die im Laufe eines Jahres gebildet worden sind.

Die **Libanonzeder,** auch Echte Zeder genannt, wird als Zierbaum gepflanzt. Ihre Nadeln stehen in Büscheln beieinander, und ihre großen Zapfen sitzen aufrecht an den Zweigen.

Die **Scheinzypresse** hat kleine, dicht anliegende Nadeln, die ihre Zweige und Knospen völlig umhüllen. Männliche und weibliche Blüten wachsen an verschiedenen Bäumen. Die weibliche Pflanze bringt kleine blaugrüne, beerenähnliche Zapfen hervor.

Die **Eibe** ist ein gedrungener Baum mit ausladender Krone und rötlicher, abblätternder Borke. Ihre glänzenden Nadeln sitzen in zwei Zeilen an den Zweigen. Die Blüten der weiblichen Pflanzen bringen von roten Samenmänteln umgebene, giftige Samen hervor.

Die **Douglasie,** ein hoher und stattlicher Baum, besitzt eine graue, im Alter tiefrissige Borke und ist gut an ihren schmalen, hängenden Zapfen zu erkennen.

Die **Lärche** gehört zu den wenigen Nadelbäumen, die ihre Blätter oder Nadeln im Herbst abwerfen. Warzenartige Erhebungen an den Zweigen lassen erkennen, wo sie gesessen haben. Die aufrechten Zapfen sind eiförmig.

Die **Gemeine Kiefer** oder Föhre hat eine rotbraun gefärbte Borke und bringt silbergraue, hängende Zapfen hervor. Ihre Nadeln sitzen jeweils zu zweit in einer Scheide.

Die **Gemeine Fichte,** ein kegelförmiger Baum mit langen, hängenden Zapfen, wird oft als Weihnachtsbaum verwendet. Ihre stachelspitzigen Nadeln stehen nach sämtlichen Seiten von den Zweigen ab.

Am Strand

Wer im Winter den Strand erkunden will, sollte warm angezogen sein, da er mit einer steifen Brise und Brandungsschaum rechnen muß. Die heftigen Wellen werden viele Muschelschalen, Schneckengehäuse, Algen, Skeletteile, eine Menge Treibholz und sogar tote Tiere angespült haben. Unbekannte Gegenstände können gefährlich sein und sollten daher nicht angefaßt werden. Außer den Vögeln, die an der Küste überwintern, lassen sich vielleicht auch ein Fuchs oder eine Ratte blicken, die am Strand nach Nahrung suchen.

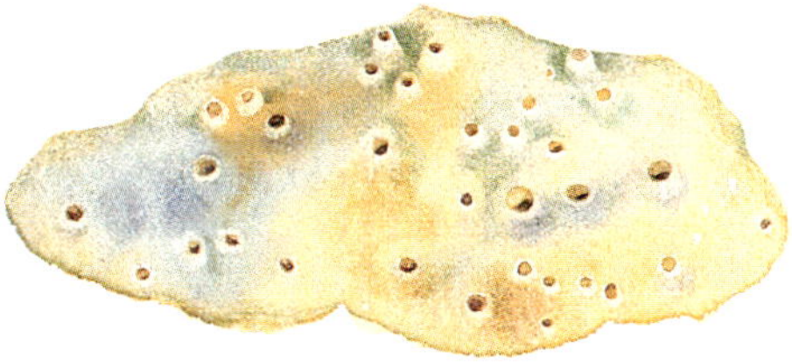

Der **Brotkrumenschwamm,** wie alle Schwämme ein Tier, bildet auf Steinen harte, flache Krusten, die grün, gelb oder braun sein können. Nahrungsteilchen werden mit dem Wasserstrom, der ständig durch feine Poren in den Körper ein- und durch große Löcher austritt, in den Schwamm gestrudelt.

Ein **Silbermöwenschädel** hat einen langen Schnabel mit gebogener Spitze, der einmal dazu diente, Krebse und Fische zu fangen. Auch andere Vogelschädel sind an winterlichen Stränden keine Seltenheit.

Wer einen **Vogelring** findet, sollte ihn der darauf angegebenen Vogelwarte zuschicken und gleichzeitig mitteilen, wann und wo er ihn entdeckt hat. Die Beine der Vögel werden beringt, damit man ihr Verhalten genauer kennenlernt.

Als **„Seemäuse“** bezeichnet man die hornigen Eikapseln der Rochen. Das Jungtier im Innern der Kapsel ernährte sich viele Monate lang vom Dotter, bis es sich befreite und davonschwamm.

Der Panzer einer **Strandkrabbe** ist oftmals alles, was von ihr übriggeblieben ist, nachdem sie von Seevögeln gefangen und verspeist wurde. Bisweilen findet man auch nur Bruchstücke des Panzers.

Die leeren Eikapseln der **Nordischen Purpurschnecke,** die dichtgedrängt an einer festen Unterlage kleben, erinnern entfernt an eine Handvoll getrockneter Weintrauben.

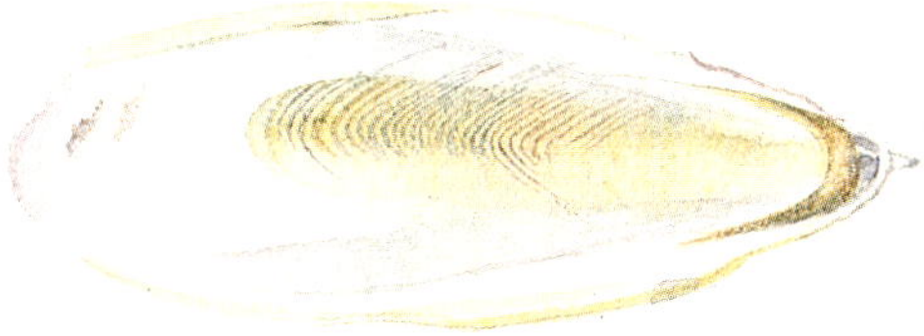

Der weiße **Schulp,** der am Strand der Nordsee bisweilen angespült wird, ist die kalkige innere Schale eines Tintenfischs. Er hat eine ovale, an den Enden spitz zulaufende Form.

Die **Holzbohrassel,** ein kleines Krebstier, benutzt ihre raspelartigen Mundwerkzeuge dazu, sich in das Holz von Schiffen und Hafenanlagen hineinzufressen. Das Weibchen zieht ihre Jungen in einem Brutbeutel heran.

Der **Schiffsbohrwurm** ist in Wirklichkeit kein Wurm, sondern eine Muschel, die sich mit den kleinen Schalenklappen am Vorderende ihres Körpers durch Holz hindurchbohrt.

Wie man den Strand absucht

Am Strand gibt es viele interessante Dinge zu sammeln. Was im einzelnen angespült wird, hängt vom Verlauf des Strandes, den Strömungsverhältnissen des Meeres und davon ab, ob der Strand sandig oder steinig ist. Manche Strände liegen voller Muscheln und Treibholz.

Du kannst ein Stück Treibholz aufschneiden und prüfen, ob es noch Holzbohrasseln oder Schiffsbohrwürmer enthält.

Messerscheide.
Im Sand der unteren
Uferzone gefunden.
Pelikanfuß.
In vielen Zonen.
zwischen Sand und
Kies gefunden.
Kleine Pilgermuschel.
In der unteren Uferzone
auf Sand gefunden.
Gemeine Strandschnecken.
Auf Algen in der mittleren
Zone gefunden.
Zarte Plattmuscheln.
Im Sand der mittleren
Uferzone gefunden.
Gemeine Wendeltreppen.
An Steinen
im Meer gefunden.

Wie man die Größe der Tiere abschätzt

Du kannst die Größe eines Tieres im Freien am besten abschätzen, indem du eine ähnliche Art, die du gut kennst, zum Vergleich heranziehst. Vögel werden von der Schnabel- bis zur Schwanzspitze gemessen, Säugetiere von der Nasenspitze bis zum Schwanzansatz (also ohne den Schwanz selbst), und bei Kriechtieren legt man die gesamte Körperlänge zugrunde. Die nebenstehende Liste nennt dir die durchschnittliche Größe einiger allgemein bekannter Vögel, Säugetiere und Kriechtiere.

Vögel:

Haussperling 15 cm
Blaumeise 10 cm
Amsel 25 cm
Feldlerche 18 cm
Haustaube 35 cm
Rabenkrähe 45 cm
Lachmöwe 40 cm
Stockente 60 cm
Höckerschwan 1,50 m

Säugetiere:

Hausmaus 8 cm
Waldspitzmaus 8 cm
Wildkaninchen 40 cm
Feldhase 60 cm
Mauswiesel 20 cm
Hermelin 25 cm
Fuchs 60 cm
Damhirsch 1 m (von der Schulter zum Boden gemessen)
Eichhörnchen 20 cm

Kriechtiere:

Blindschleiche bis 45 cm
Kreuzotter bis 60 cm
Ringelnatter bis 1 m
Waldeidechse bis 15 cm

Wanderregeln

Beachte die Regeln, um die Landschaft zu schützen und zu erhalten.

Vermeide jegliche Brandgefahr: Jedes Jahr werden große Wald- und Heideflächen durch fahrlässig entfachte Brände zerstört. Achte darauf, daß niemand ein brennendes Streichholz oder eine glimmende Zigarette fortwirft. Selbst Gläser können einen Brand erzeugen, weil sie die Sonnenstrahlen verstärken.

Schließe alle Tore, selbst wenn du sie offen vorfinden solltest. Herumstreunendes Vieh kann schwere Verkehrsunfälle herbeiführen, Schaden im Feld anrichten oder sich zu Tode fressen.

Führe Hunde auf dem Lande an der Leine, denn dein Vierbeiner kann zu einer tödlichen Gefahr werden, indem er Krankheiten verbreitet oder Jagd auf Schafe macht.

Halte dich in Feldern und Wiesen an die Wege, weil du sonst Saatgut knicken oder Feldfrüchte niedertreten könntest, die dann schlecht zu ernten sind. Auch Gräser sind wertvolle Futterpflanzen. Wenn du auf einem Acker entlanggehen mußt, halte dich an den Rand und gehe in einer Reihe mit deinen Begleitern.

Beschädige keine Zäune, Hecken und Mauern, denn Ausbesserungen und Neuanschaffungen sind teuer. Gehe vorsichtig, und benutze stets Tore und Zauntritte.

Hinterlasse keine Abfälle, da sie häßlich aussehen und Tiere an ihnen zugrundegehen können. Nimm Abfälle mit nach Hause, wo sie von der Müllabfuhr abgeholt werden.

Halte Wasserstellen für Menschen und Tiere sauber. Verunreinige keine Flüsse, Bäche oder Wasserbecken, und beschädige keine Rindertränken.

Erhalte die Pflanzen und Tiere der freien Natur, denn alle Pflanzen und Tiere sind in ihrer Ernährung aufeinander angewiesen. Wer Blumen pflückt oder Tiere verschreckt, kann dadurch das Gleichgewicht in einem Lebensraum stören.

Sei vorsichtig auf Landstraßen, da Kurven oder hohe Hecken dir die Sicht auf den Verkehr nehmen können. Wenn du zu Fuß gehst, halte dich links, auf derselben Seite wie der Gegenverkehr.

Achte das Leben in der Landschaft, indem du die Wanderregeln befolgst. Beschädige keine landwirtschaftlichen Geräte oder sonstiges Eigentum, und verletze keine Tiere.

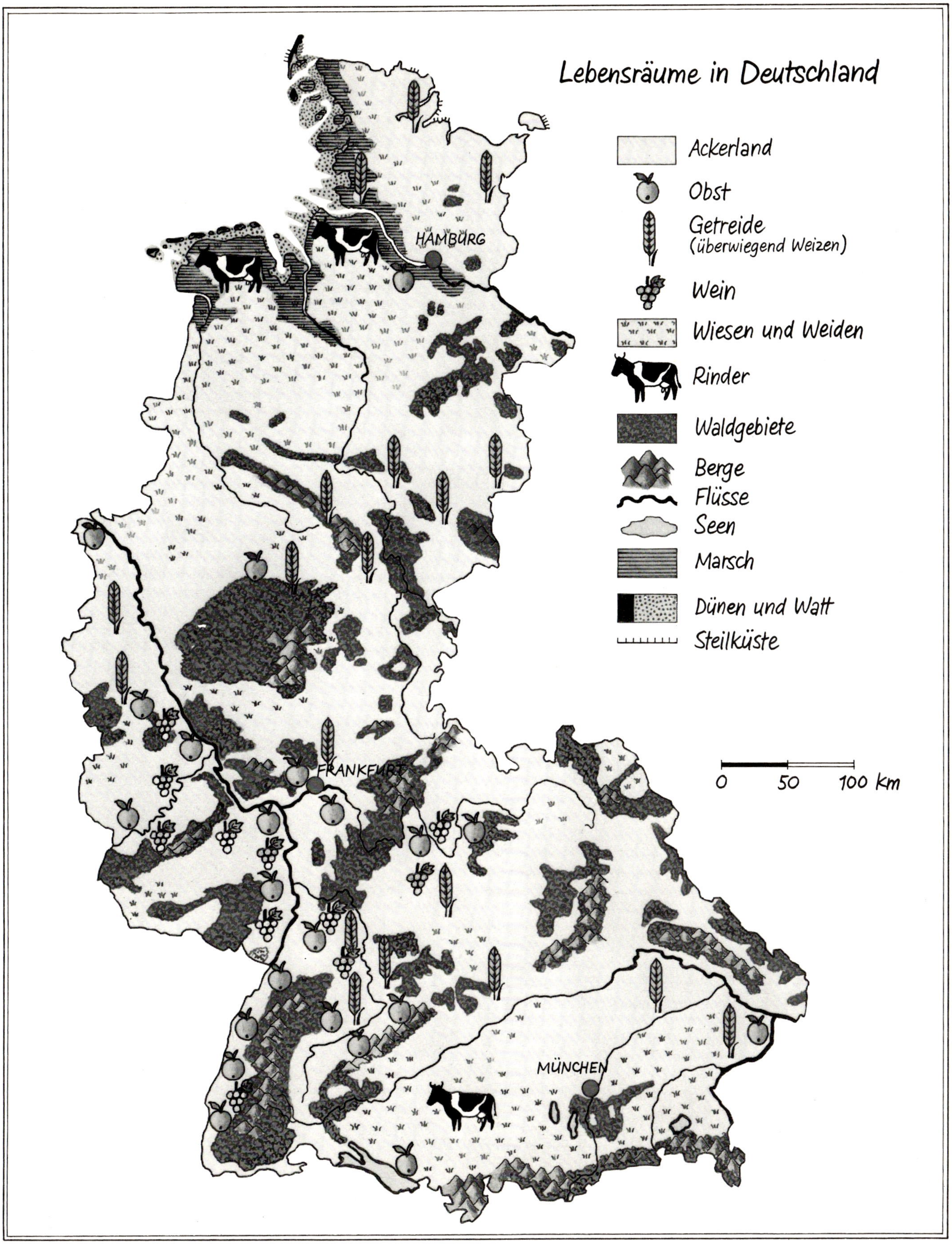
Lebensräume in Deutschland
Ackerland
Obst
Getreide
(überwiegend Weizen)
Wein
Wiesen und Weiden
Rinder
Waldgebiete
Berge
Flüsse
Seen
Marsch
Dünen und Watt
Steilküste
HAMBURG
FRANKFURT
MÜNCHEN
0
50
100 km

Fachausdrücke

Ähre: Ein unverzweigter Blütenstand, der sich aus (fast) ungestielt am Stengel sitzenden Einzelblüten oder – wie beim Weizen und Ausdauernden Lolch – aus zahlreichen Teilblütenständen, den Ährchen, zusammensetzt.

Algen: Einfache Pflanzen, die im Wasser oder an feuchten Stellen wachsen und zu denen mikroskopisch kleine Einzeller bis zu viele Meter lange Riesentange gehören.

Art: Eine Einheit im System der Pflanzen und Tiere, deren Vertreter eine Fortpflanzungsgemeinschaft bilden.

Beere: Eine Frucht mit fleischiger Fruchtwand und einem oder mehreren Samen.

Bestäubung: Die Übertragung des Blütenstaubs vom männlichen auf den weiblichen Teil der Blüte, der dadurch befruchtet wird. Die Bestäubung kann durch Insekten oder den Wind erfolgen.

Familie: Eine Einheit im System der Pflanzen und Tiere, die eng verwandte Gattungen umfaßt.

Feldfrüchte: Die Ernteerzeugnisse des Ackerbaus wie Getreide, Futterpflanzen und Kartoffeln.

Frucht: Der herangereifte weibliche Teil einer Blüte, der die Samen enthält.

Futterpflanze: Eine Pflanze, die wie die Rübe und einige Gräser zur Ernährung des Viehs angebaut wird.

Gattung: Eine Einheit im System der Pflanzen und Tiere, die eng verwandte Arten umfaßt.

Greifvogel: Ein Vogel, der wie der Adler oder die Eule andere Tiere jagt und sich von ihnen ernährt.

Hagebutte: Die Frucht einer Rose.

Humus: Zersetzte Pflanzenstoffe, die einen Bestandteil des Bodens bilden.

Insekt: Ein kleines Tier, das drei Beinpaare und ein Paar Fühler, einen in Kopf, Brust und Hinterleib unterteilten Körper und im allgemeinen Flügel aufweist.

Jagdwild: Ein wildlebendes Tier, das zum Sport oder seines Fleisches wegen gejagt wird.

Kapsel: Eine Frucht, die bei der Reife aufplatzt und ihre Samen entläßt.

Kätzchen: Ein walzenförmiger Blütenstand, der gewöhnlich herabhängt wie bei der Hasel, aber auch aufrecht an den Zweigen sitzen kann wie bei der Weide. Jedes Kätzchen setzt sich ausschließlich aus männlichen oder weiblichen Blüten zusammen.

Krebstier: Ein gewöhnlich im Wasser lebendes Tier mit hartem Panzer wie der Krebs, die Garnele oder die Seepocke; es gibt jedoch auch einige auf dem Lande lebende Krebstiere wie die Mauerassel.

Kriechtier: Ein Tier, das wie die Eidechse oder die Schlange eine Wirbelsäule und ein Schuppenkleid besitzt, gewöhnlich auf dem Lande lebt und lebendige Junge gebiert oder Eier legt.

Laich: Die Eier von Fischen und von Lurchen wie Fröschen und Molchen.

Larve: Die Jugendform mancher Tiere, die sich vom ausgewachsenen Tier stark unterscheidet – wie die Raupe vom späteren Schmetterling, die Made von der Fliege und die Kaulquappe vom Frosch.

Mauser: Der Wechsel der Federn bei Vögeln und des Haarkleids bei Säugern.

Nuß: Eine Frucht mit harter Fruchtwand und nur einem Samen.

Puppe: Die Entwicklungsstufe eines Insekts zwischen Larve und voll ausgebildetem Tier. Die Puppe besitzt eine harte Hülle, frißt nicht und bewegt sich im allgemeinen auch nicht, während in ihrem Innern die Umwandlung zum erwachsenen Insekt stattfindet.

Rispe: Ein mehrfach verzweigter Blütenstand wie beim Hafer, Knäuelgras und Wiesenschwingel.

Säugetier: Ein Tier, das eine Wirbelsäule und ein Haarkleid besitzt und seine Jungen mit Milch nährt – wie das Kaninchen, das Rind und der Mensch.

Schmarotzer: Pflanzen oder Tiere, die in oder an anderen Pflanzen oder Tieren leben und sich von ihnen ernähren, zum Beispiel Pilze.

Sommer- beziehungsweise Wintergast: Zugvogel, der nur den Sommer beziehungsweise Winter in einem bestimmten Lebensraum verbringt.

Sporen: Mikroskopisch kleine Vermehrungszellen niederer Pflanzen wie Algen, Moose, Pilze und Farne, die keine Blüten hervorbringen.

Vogelzug: Der regelmäßige, jahreszeitlich bedingte Zug einiger Vögel in eine andere Klimazone, durch den sie gewöhnlich schlechtem Wetter und Nahrungsmangel aus dem Wege gehen wollen.

Wedel: Die Blätter blütenloser Pflanzen wie der Farne.

Weichtier: Ein Tier mit weichem Körper, der nicht in deutliche Abschnitte unterteilt ist und häufig – wie bei der Schnecke – durch ein Gehäuse geschützt wird.

Winterschlaf: Ein schlafähnlicher Ruhezustand mancher Säugetiere während des Winters, in dem keine Nahrung aufgenommen wird, die Körpertemperatur absinkt und Herzschlag sowie Atmung langsamer werden.

Winterstarre: Ein Zustand völliger Bewegungslosigkeit, in den manche Tiere wie die Eidechse, deren Körpertemperatur von der Außentemperatur abhängt, während des Winters verfallen.

Register

Wissenschaftliche Namen und Seitenangaben zu Abbildungen erscheinen *kursiv*.
Die Einführungen in die einzelnen Lebensräume und die dazugehörigen Illustrationen sind im Register nicht berücksichtigt.

A

B

C

D

E

F

G

H

I

J

K

L

M

N

O

P

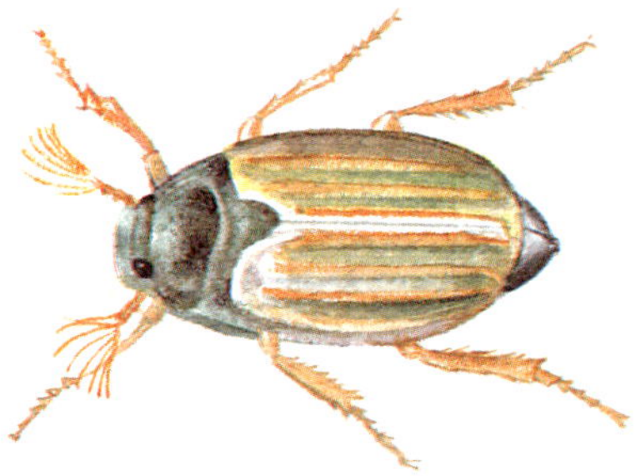

Q

R

S

T

U

V

W

Z

Illustrationen

Graham Allen: Seite 12–13, 30–31, 40–41, 60–61, 94–95
John Butler: Seite 8–9, 20–21, 28–29, 48–49, 56–57, 74–75, 80–81, 108–109, Einband
Pat Butterworth: Seite 129
Barbara Firth: Seite 2–3, 4–5, 10–11 (Einzelbilder), 24–25 (Einzelbilder), 32–33 (Einzelbilder), 36–37, 58–59 (Einzelbilder), 68–69 (Einzelbilder), 78–79 (Einzelbilder), 96–97 (Einzelbilder), 98–99, 116–117, 118–119
Will Giles: Seite 14–15 (Einzelbilder), 18–19 (Einzelbilder), 44–45 (Einzelbilder), 50–51 (Einzelbilder), 66–67 (Einzelbilder), 82–83 (Einzelbilder), 92–93 (Einzelbilder), 100–101, 102–103 (Einzelbilder), 112–113 (Einzelbilder)
Donald Myall: Seite 6–7, 16–17, 22–23, 38–39, 46–47, 64–65, 70–71, 76–77, 84–85, 114–115, 122–123, 124–125, Vorsatzblätter
Colin Newman: Seite 26–27, 34–35, 42–43 (Einzelbilder), 52–53, 54–55 (Einzelbilder), 62–63, 72–73, 86–87 (Einzelbilder), 90–91
David Nockels: Seite 88–89, 110–111
Jane Wolsak: Anleitungen Seite 10–11, 18–19, 24–25, 32–33, 42–43, 50–51, 54–55, 66–67, 78–79, 82–83, 86–87, 92–93, 96–97, 104–105, 112–113, 120–121, Erdgeschichte Seite 58–59,
Seite 106–107, 126–127
Elizabeth Wood: Bildgeschichten Seite 14–15, 44–45, 102–103

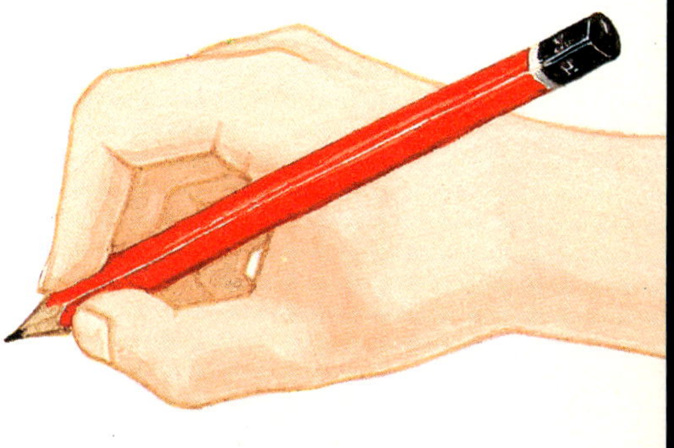